POÉSIES FRANÇOISES

DES XVᵉ ET XVIᵉ SIÈCLES

Paris. — Impr. Guiraudet et Jouaust, 338, rue S.-Honoré.

RECUEIL
DE
POÉSIES FRANÇOISES
DES XVe ET XVIe SIÈCLES
Morales, facétieuses, historiques

RÉUNIES ET ANNOTÉES

PAR M. ANATOLE DE MONTAIGLON

Ancien élève de l'école des Chartes,
membre résident de la Société des Antiquaires de France

TOME II.

A PARIS
Chez P. JANNET, Libraire
—
M.DCCCLV

Sermon nouveau et fort joyeulx, auquel est contenu tous les maulx que l'homme a en mariage. Nouvellement composé à Paris [1].

In nomine Bachi Sileni.

Matrimonie matrimonia
Mala producunt omnia.
Le thesme qu'ay cy recité,
Extraict d'ung livre bien dicté,
Nommé *les Joyes de mariage* [2],
Vault autant en commun languaige

---

1. In-8 goth. de 8 ff., sous les signatures A-B. Au verso et au recto du frontispice, un prêtre, en chaire et tenant une tête de mort, prêche à une assemblée assise à gauche. Au verso du dernier feuillet, un moine, assis à gauche dans une sorte de stalle, avec un pupitre devant lui, prêche à une assemblée assise à droite.

2. Comme on peut le voir dans la préface de l'édition des *Quinze joyes* publiée dans cette collection (p. x-xij), la composition du livre doit être reportée vers le milieu du XVe siècle, et la première impression vers 1480. C'est aux environs de cette dernière date qu'il faut reporter la composition de notre sermon.

SERMON

Que qui diroit par mocquerie :
L'homme est bien fol qui se marie.
 Mais avant, au commencement,
Affin que puissions bonnement
Faire chose au corps proffitable
Et au dieu Bachus agreable,
Nous prendrons de la medecine
Yssue de la noble racine
Que planta Noé le preudhom,
Et pour acquerir le pardon
A tous yvrongnes (a) octroyé,
Escript au registre royé[1]
Et signé *ante et retro*,
Date nobis de oleo vestro.
 Or çà, de par Dieu, c'est bien dict.
Pour venir au thesme predict,
Et deschifrer le hariage
Qu'a le bon homme en mariage,
Je trouve qu'il est en tourment
Toute sa vie seullement,
Par quoy il acquiert et attire
L'aureolle de vray martyre.
 Et, pour le premier, tout par cueur,
Au premier quant il mect son cueur
A aymer la jeune pucelle,
Pour acquiter l'amour d'icelle
Et avoir envers elle accès,

---

1. Au registre rayé. On les désignoit ordinairement par la nature de leur couverture. On disoit le livre blanc, le livre vert, etc. Par registre rayé il faut entendre que sa reliure étoit recouverte d'une étoffe à raies.

Il faut qu'il face mille excès
Et bragues dessoubz et dessus,
Et que tout voyse par dessus.
 Quant vient le premier jour de may,
A son huys fault planter le may,
Et, le premier jour de l'année,
Faut-il pas qu'elle soit estrenée?
Et tant que dure ce sabat,
Ce gentil mignon, par esbat,
Cuydant la veoir en robe ou surcot,
Va et vient comme poys en pot,
Et souvent, en dangier du guet,
A son huys, pour faire le guet,
Cuydant la veoir nue ou vestue,
Gist en prison emmy la rue,
Soit qu'il neige, pleuve ou verglace,
Et si n'en a ne gré ne grace.
 Or disons : S'elle est à la feste,
Il fauldra que soubdain s'appreste
Pour luy donner ung tour de dance ;
Mais, s'il fault à sa contenance
Ou faict ung pas trop reculé,
Voylà mon homme reculé.
 Or disons : S'il est au moustier,
Je ne dis pas pour Dieu prier,
Auprès d'elle, et celle bourgeoyse
Luy faict chaperon de Ponthoise
Ou gecte à ung aultre l'œillade,
C'est pour le rendre au lict malade ;
Oultre, s'il accorde ou fiance,
Toute jour fault avoir la dance,
Et au soir fauldra le banquet,

Où sera tenu maint cacquet
De l'estat dudict suppliant ;
Je ne dis pas le mot friant :
Vous entendez bien mon latin.
Et puis s'il fault, soir ne matin,
A venir veoir la fiancée,
Elle en fera la courroucée,
Tant que de la sepmaine entière
Il n'aura d'elle belle chère ;
Et s'il luy donne des joyaulx,
Comme demyssaintz et anneaulx
Qui ne soyent au gré de la dame,
C'est assez pour le faire infame ;
Voire et tout feust davantaige,
Si aura elle si dur courage
Qu'elle ne luy vouldra journée
Prester ung pain sur la fournée [1],
Combien qu'il soit tousjours après.
Quant le jour des nopces est près,
Il faut semondre à pompe grande
Et achepter de la viande,
Louer menestriers et farseurs,
Maistres d'hostelz et rotisseurs,
Avec la salle tapissée,
Parée de mays et de jonchée ;
Et puis fault donner aux parens
Les plus prochains et apparens
Robes, pourpoinctz, chausses, bonnetz,

---

1. Il y a une pièce, que nous donnerons, sous ce titre : *Sermon d'un fiancé qui emprunte un pain sur la fournée*.

Panthouffles, chapperons, corsetz,
Et aux filles de l'assemblée,
Toute jour chappeaulx et livrée.
Ce n'est riens, mais tout couste argent;
Et, s'il ne sçait son entregent
Ou fault à quelqu'ung recueillir,
Tantost le verrez accueillir,
Mocquer, brocarder et larder,
Et de toutes pars regarder.
Encores convient-il qu'il serve
A (la) table toute la caterve¹;
Par quoy n'arreste en lieu ne place,
Ne n'a de boire ung coup espace,
Mais est (bien) ayse si, en courant,
Peult happer quelque demourant.
Or çà, la vache en est lyée;
On couche au soir la maryée,
Et puis le monde se retire;
Et alors le povre martyre,
Recreu, travaillé et lassé
Du labeur prins le jour passé,
Auprès d'elle s'en va coucher;
Mais, s'il vient à luy atoucher,
Tantost elle rechignera,
Le mordra, l'esgrateignera,
Tant qu'il sera tout escorché;
Et si diriez qu'il a couché
Ceste nuict en quelques pourchatz,
Ou jousté avec[ques] les chatz.
Encor a il paour qu'on l'escoute.

L'assemblée, de *caterva*.

Puis elle luy baille du coulte,
Des piedz et poingz, coupz et revers,
(Et) gecte lict et couste à l'envers,
Mect à bas draps et couve[r]ture,
Et, s'il se liève d'aventure
Pour allumer feu et chandelle,
Elle s'en fuyt en la ruelle,
Et se prent à braire et huer
Comme s'on la vouloit tuer.
En effaict, voylà la suée
Qu'il a ceste saincte nuictée.

 Le lendemain, que les parens
Les plus prochains et apparens
Viendront à grande compaignie
Veoir la nouvelle mariée,
S'il est par quelc'un rapporté
Qu'en ceste nuict il n'ayt hurté,
Nonobstant le mal qu'il eut hier,
Fauldra qu'il trayne le mortier.

 Ce faict, viendront le cuysinier,
Les menestriers, le tavernier,
Les farceurs et maistre d'hostel,
Tous sçavoir s'il est à l'hostel,
Et, quant il en voyt tant ensemble,
Il est si allené qu'il tremble;
Car vous diriez à leur jangler
Que tous le doibvent estrangler.
Puis le marchant de drap ou soye
Luy vient dire : « Il fault que je soye
« Payé, monsieur. Çà, de l'argent. »
L'autre luy envoye ung sergent;
Chascun court à son habitacle,

Comme à ung sainct qui faict miracle,
Et, pour conclurre en brief langaige,
Tout l'argent de son mariage
Prendra vollée et s'en courra;
Mais sa femme demourera,
Et lors peult dire la chanson
De David : « *Miser factus sum.* »
Seigneurs, affin qu'il ne vous ennuye,
C'est pour la première partie.

○

Secunda parte.

Or çà, pour entrer en mesnaige,
Il fault achepter du mesnaige,
Louer mayson et chamberière,
Et que desormais on acquière
A grant labeur, sueur et peine,
La vie au long de la sepmaine.
S'il gaigne, on l'appelle le maistre;
Mais, quand il viendra pour repaistre,
Tout mourant de soif et de fain,
Il ne trouvera vin ne pain,
Pot au feu n'escuelle lavée.
S'on luy dict : « Madame est allée
« A la messe », il fault qu'il attende;
(Car,) si d'aventure il la demande
Ains qu'elle ayt achevé ses heures,
Bien sera ramené des meures[1];

1. Expression proverbiale pour dire qu'on est violem-

Et, s'il en faict procès ne plaict,
Tantost elle joue son couplet
Et sault sur lui comme une agache,
Et de dueil jecte emmy la place
Potz, platz et tables et tresteaulx,
Et est aux espées et cousteaulx
Après luy, pis que Lucifer,
Tant qu'il semble d'ung droict enfer
D'y estre, à veoir le tintamarre,
Ou que la fouldre et le tonnerre
Soyent descenduz sur leurs hostelz :
Tesmoing le saige Socrates
Et le refrain de la chanson ;
Et, s'il survient noyse ou tenson
Pour une febve mal partie,
Elle veult estre departie.
Au soir, quant il vient de besongne,
Si luy plaist, elle s'embesongne
A luy faire ung peu de potaige,
Avec ung petit de fromaige
Et une foys de ripopé,
Dont il est grandement souppé.
S'il luy fault robe ne corset,
Riens qui soit jusque(s) à ung lasset,
Bien le sçaura patheliner,
Car elle est duycte luy donner
Affin de fournir [à] la mise

ment arraché à une chose que l'on fait, comme il arrive aux enfants qui s'en vont faire l'école buissonnière et cueillir aux buissons les mûres, et qu'on en ramène avec des injures et des coups.

Par foys du vent de la chemise.
S'il a de l'argent, sans rabat,
Tout contant elle vous l'abat
Par force de pleurs et de plains.
Helas ! povre homme, je te plains !
Mais s'il n'a grant blanc ou [bien] targe,
Je n'ose dire, quoy qu'il targe,
Qu'elle est, par faulte d'ung escu,
Femme pour le faire coqu.
Et si, après des couchées maintes,
Madame devient ensaincte,
Il fault que le povre chetifz
Fournisse à tous ses appetitz ;
Adonc tout tant qu'il a gaigné
Ne luy sera pas espargné.
Mais, s'il y a riens qui l'agouste[1],
Il fault qu'elle en ayt, quoy qu'il couste,
Et, s'il s'en prent à murmurer,
On luy dict : « Il fault endurer ;
« Femme grosse a loy de tout dire. »
Et fault, s'elle estoit cent foys pire,
Qu'il avalle tout sans mascher,
Sinon qu'il s'en voyse cacher.
Quant ce vient à crier les haulx[2],
Les jeux ne luy sont guères beaulx :
Car, s'il advient qu'en plain minuyct
Le mal luy prengne, toute nuyct
Vous le verrez par la cité

---

1. Qui lui plaise, qui soit à son goût.
2. A jeter les hauts cris. On dit encore en pareil cas : crier les petits pâtés.

Courir comme ung homme cité,
Dieu sçait en quel[le] peine et esmé!
Pour trouver une saige-femme,
Et, tant qu'elle ayt rendu le gaige,
Il faict veuz et pellerinaige,
Et n'y a sainctz en la kyrielle,
Ne saincte, qui n'ayt sa chandelle.
Est-il revenu de la ville?
L'ung dict : « Çà le fil, çà l'esguille »;
L'autre : « Les forces pour le tondre »;
Brief, il a tout à respondre.
C'est bien faict, elle est acouchée.
Il n'a pas là œuvre laissée ;
Car convient qu'il cherche et fournisse
Garde, compère et nourrisse,
Et face tendre proprement
Toute la chambre entierement
Pour le moins de serges vermeilles ;
Et puis qui luy rompt les oreilles,
C'est, et n'eust-il que trois naveaulx
Vaillant, il luy fault des carreaulx
De veloux et menue verdure,
Tant que c'est une grant ordure.
Et s'il n'a de ce parement
Plaisir que de jour seullement :
Car, tandis qu'elle est en gesine,
Il fault qu'il couche en la cuysine,
Affin qu'elle ayt la main levée
De luy tant qu'el soit relevée ;
Et, quant il luy aura cousté
Or et argent (et) tout bien compté
Le long de la doulce gesine,

Il surviendra une voysine :
« Comment voulez-vous relever
« Sans pantouffles neufves avoir ? »
D'en avoir soubdain el le presse,
Ou el n'yra point à la messe.
Ung bien y a, que j'ay notté,
Que, tant en yver qu'en esté,
Il peult, qui qu'on tienne cacquet,
Porter sur l'aureille ung boucquet
De mesnues pensées et soussyes
Et de belles melencolyes,
Et pour ce, son tiltre en deux mettres
Veulx mettre en narré de ces lettres
Royaulx de respit : *Amen, amen.*

el charge de femme et d'enfans,
Voyez-en là (tout) le demainé,
Et, quant il a long-temps regné
En ceste vie et chière eslite,
S'il meurt devant, il en est quitte ;
S'il demeure, c'est à reffaire,
Car il fauldra qu'il ayt affaire
Avecques tous ses heritiers,
Et qu'il porte neuf moys entiers,
Voire bien ung an justement,
Et qu'il prie devotement,
Tant qu'il vivra, pour sa partie.
Je croy qu'y a plus grant partie
De biens que de maulx en mesnaige
Mais les biens sont à l'advantaige

De la femme, et les maulx de l'homme ;
Par quoy conclud sainct Pol en somme :
Quod miserere non expedit.
Vray est [ce] que aulcuns ont dict,
Disant, en reprenant leurs dictz :
Il se fault marier tous dictz [1]
Pour conserver nature en estre.
On faict [bien] des enfans sans estre
Marié ; ce sont parabolles,
Ne croyez pas à leurs parolles ;
Ilz n'ont pas la teste bien faicte.
Je me rapporte à la tablette
Des docteurs à ce resolus,
Comme le bon Mathéolus,
Grant docteur en ceste matière ;
   en a faict ung gros brevière [2]
Et a prouvé par mainte hystoire
Que mesnaige est ung purgatoire.
Jehan de Meung n'a pas praticqué
Tant qu'a le docteur allegué ;
Si en a il dict à travers [3]
Ung mot en deux bien petis vers :
« Nul n'est qui maryé se sente,
« S'il n'est fol, qu'il ne s'en repente. »
Et si aulcun me venoit dire :
« La reigle fault en moy, beau sire,

1. *Tous diz,* tous les jours.
2. Le *Matheolus* et le *Rebours de Matheolus* feront partie de la Bibliothèque elzevirienne, dont ils formeront deux volumes.
3. Probablement dans le *Roman de la Rose.*

« Car je ne m'en repentis oncques »,
Je respons : « Vous estes fol doncques
« Et si vous n'estes qu'une beste. »
Or prions Dieu qu'en cest estre
Doint patience aux marys,
Mesmement à ceulx de Paris;
Noz voysins nous sont de plus près.
Et puis ilz priront Dieu après
Pour vous là sus en paradis.
Les sainctz martyrs, adieu vous dis;
La paix des chiens soyt avec vous.

Finis.

Le Doctrinal des filles à marier[1].

Filles, pour faire bon tresor,
Crainte ayez devant vos yeulx,
Car en fille crainte siet mieulx
Que le rubis ne faict en l'or.

Fille, ne vous vueillez mesler
De bailler à amour avance,
Dont (n')ayez après repentance,
Ne nulz en faille en mal parler.

1. Nous avons eu sous les yeux et collationné six éditions gothiques de cette pièce, toutes de 4 feuillets, et sans vraies différences de texte. Nous allons les indiquer rapidement. — *Le Doctrinal des filles a elles très utile.* Cette édition se termine par les commandements de Dieu et de l'Église. — *Le Doctrinal des filles à elles très utile.* Au dessous, la marque de Mareschal et de Chaussard; à la fin, au dernier recto : *Cy fine le Doctrinal des filles, à elles très utile pour les bien regir et gouverner, imprimé à Lyon par Pierre Mareschal et Barnabé Chaussard, l'an MCCCCC et quatre,* 29 lignes à la page. (Il y en a une édition antérieure avec le seul nom de Mareschal. Cf. Brunet, II, 114.) — *Le Doctrinal des filles à marier,* in-8 de 26 lignes à la page. Au titre, un bois assez fin : la Vierge agenouillée; derrière elle sont assis Dieu le

Fille, soyez en habit cointe,
Et vous parez de grands vertus,
Sans faulx semblant, ne ris, n'abus
Faire à ceulx dont estes acointe.

Fille, quant serez en karolle,
Dansez gentiment par mesure,
Car, quant fille se desmesure,
Tel la voit qui la tient pour folle.

père et Jésus, ayant entre leurs têtes le Saint-Esprit ; à la fin, les commandements de Dieu et de l'Église (ceux-ci ne sont toujours qu'au nombre de cinq), et, au dessous d'un petit bois de Jésus crucifié entre sa mère et saint Jean, ces quatre vers :

Qui du tout son cueur met en Dieu,
Il a son cueur et si a Dieu ;
Et qui le met en aultre lieu,
Il pert son cueur et si pert Dieu.

C'est cette élégante édition que M. Jouy a reproduite en fac-simile lithographique tiré à dix exemplaires sur vélin et à trente sur papier. — *S'ensuit le Doctrinal des filles, utile et profitable*, cinq strophes à la page, évidemment d'impression lyonnoise. — *Le Doctrinal des filles, avec les X commandements de la loy*. Sans titre ; l'F initiale est blanche avec un fond de points blancs semés sur fond noir ; 23 lignes à la page ; petit in-8. — Enfin nous avons déjà indiqué (t. I, p. 187) que le *Doctrinal des filles* se trouvoit à la suite des *Contenances de table*. L'édition en lettres gothiques un peu rondes porte la mention : *Nouvellement imprimé à Avignon par Jehan de Channey*. Le Doctrinal y occupe du feuillet 4 verso au feuillet 8 recto ; 23 lignes à la page.

Fille, soyez de vous maistresse,
Et n'aymez fors d'amour commune,
Car malle bouche dit plus d'une
Parolle qui honneur fort blesse.

Fille, n'ayez jamais vergongne,
S'à tort mauvais bruyt de vous court
Car il n'est nul servant en court
Sur qui à la fin on ne hongne.

Fille, n'ajoutez foy en songes,
Et sobre soyez de vin boire ;
Les baveux ne vueillez point croire,
Car en eulx n'y a que mensonges.

Fille, quant serez en bancquet,
Soyez en menger gracieuse,
Et à parler aux gens honteuse,
Sans avoir par trop de quaquet.

Fille, ne vueillez point mesdire,
Car qui d'aultruy à tort mesdit,
Pour soy venger sans contredit,
On voit de mesdisant mesdire.

Fille se doibt bien maintenir,
Voulentiers ouyr dire bien,
En tous estatz garder le sien,
Et de tous pechez s'abstenir.

Fille, gardez bien que par l'œil
En vostre cueur n'entre pensée
Qui soit en mal desir lassée,
Car vous en pourriez avoir dueil.

Fille, quand vous serez en feste,
Departez à point vostre chière,
Et tenez si bonne manière,
Qu'à vous blasmer nul ne s'arreste.

Fille, ne soyez hostelière
De Folle Amour, qui l'ame ploye,
Car ses hostes de douleur paye,
Et fait de dame chamberière.

Fille, ne soyez point oyseuse,
Et delaissez plaisance vaine,
Car l'oysiveté l'oyseulx maine
A perdition langoureuse.

Fille ne se doit mocquer d'ame :
Nul n'est en ce monde parfait.
Los mal aquis tost se deffaict :
Tel est loué qui aura blasme.

Fille, retenez la doctrine
Des anciens, car on voit vieillesse
Qui le fol ramaine à sagesse,
Et ad ce congnoistre s'encline.

Fille, se fille de vous moindre
Aux festes veult aller devant,
N'en monstrez point pire semblant,
C'est sens de son yre restraindre.

Fille, ne prestez (pas) vostre bouche
En lieu secret à nul qui soit,
Car qui un baiser doulx reçoipt
Voulentiers du surplus s'aprouche.

Fille, gardez-vous bien de noyse,
Car on voit souvent que l'amy
Par noyse devient ennemy ;
Pour tant, bon est d'estre courtoyse.

Fille, quant vous serez à part,
Soyez toujours amesurée,
Sans estre par trop desrivée [1] :
Car tout est sceu, soit tost ou tard.

Fille, horsmis confession,
Seullette ne parlez à prebstre;
Laissez-les en leur esglise estre
Sans ce qu'ilz hantent vos maisons.

Fille fort se doit hontagier
A mesdire de sa compaigne,
Car aujourd'huy chascun se baigne
A maulvaisement langagier.

Fille, ne baillez voz oreilles,
N'aussi voz yeulx trop attrayans:
Car, quant ilz sont à mal trayans,
Chascun se mocque à merveilles.

Fille, ne vueillez rien respondre
Et ne dictes motz deshonnestes,
Et refusez vaines requestes ;
Aultrement c'est pour vous confondre.

Fille, se vous estes desserte [2]
Par fortune, qui vaint le fort,

1. Une autre éd. : *destravée*.
2. C'est-à-dire desservie, mal traitée.

Ayez en vertu reconfort ;
Car vertu recouvre bien perte.

Fille, se fortune vous liève
En trop haulte prosperité :
N'en laissez jà humilité ;
Car mescognoissance trop griefve.

Fille, ne samblez l'ypocrite,
Qui faict abstinance contraincte
Et devant gens oroison saincte,
Et après à mal se delicte.

Fille, resistez à envie
Et endurez temptation,
Et faictes operation
Dont ayez après la mort vie.

Fille ne doibt estre menteuse[1],
Servir Dieu, craindre et aymer,
De ses ennemys soy louer
Et d'aultruy aider curieuse.

Fille, d'orgueil soyez delivre,
Et, quelque bien qui vous aviengne,
De la mort tousjours vous sousviengne,
Et elle vous fera bien vivre.

Fille, confinez-vous souvent
Et gardez bien de cheoir en vice,
Puis oyez le divin service
A l'église devotement.

1. Dans la jolie édition :
    Fille doit estre matineuse.

Fille, mettez en Dieu l'entente
A ses commandemens tenir,
Car de bref vous fauldra mourir [1],
Et de mes ditz soyez contente.

Fille, prenez mes ditz en gré ;
Digne ne suis d'avoir bon bruyt :
De mauvais terrouer petit fruict ;
Maistre ne suis en nul degré.

Fille, lisez ce Doctrinal,
Du sens retenez la doctrine,
Car qui bien en son cueur l'imprime
A grand' peine finira mal.

Cy fine le Doctrinal des filles.

1. **Ed. de Chaussard :**

   Et vivez bien pour bien mourir.

Nuptiaux virelays du mariage du roy d'Ecosse et de ma dame Magdeleine, première fille de France, ensemble d'une ballade de l'apparition des trois Deesses, avec le Blazon de la cosse en laquelle a tousjours germiné la belle fleur de lys; faict par Branville[1].

(1537.)

Voicy le jour voué à tout plaisir,
Jour desiré qui ung amant contente,
Le beau jour cler qu'on a voulu choisir
Pour faire ensemble en chaste lict gesir
Deux cœurs royaulx par nuptiale entente.
Or est tombée en ta royalle tente,

---

1. In-8 goth. de 4 ff. Au verso du titre, un chevalier au galop. La tête de son cheval est surmontée de plumes; pour une raison ou pour une autre, on a coupé les traits dont étoit formé le bras droit du cavalier, qui présente ainsi une singulière figure.

Quant aux personnages dont il est ici question, ce sont le roi Jacques V, et Madeleine, fille de François Ier et de Claude de France, qui étoit née à Saint-Germain-en-Laye le 10 août 1520. Elle n'étoit que leur troisième fille; mais, à l'époque de son mariage, elle étoit bien pre-

Roy fleurissant, la proye desirée,
Le choix, l'honneur, la pucelle honorée,
Qui en vertu et grace n'a seconde ;
Or as-tu prins pour ta chère espousée

mière fille de France, par suite de la mort de ses deux aînées, Louise et Charlotte, mortes l'une en 1517, l'autre en 1524. Le mariage se fit dans des circonstances assez singulières. Au moment où toute l'Europe s'attendoit à voir Charles-Quint envahir la France, le roi d'Ecosse s'étoit embarqué de son propre mouvement avec 16,000 hommes pour venir au secours de François Ier. Les vents contraires l'avoient retardé, et l'empereur n'étoit pas entré en France ; mais Jacques V n'en continua pas moins son voyage, et rencontra le roi entre Tarare et Saint-Saphorin, à un lieu nommé La Chapelle, où il lui renouvela la demande de la main de sa fille. Il étoit déjà fiancé à celle du duc de Vendôme, et Henri VIII lui avoit fait offrir une des siennes ; mais Jacques V tenoit au contraire à s'allier avec la France, pour se soustraire le plus possible à la domination de son oncle. Malgré la crainte d'indisposer le roi d'Angleterre, le dévoûment dont Jacques V avoit fait preuve, le souvenir de la mort de son père Jacques IV, tué à la bataille de Flodden, à un moment où il étoit allié avec Louis XII contre Henri VIII, déterminèrent François Ier, et les fiançailles furent faites à Blois*. Quand Jacques V arriva à Paris pour le mariage, le Parlement, sur le désir de François Ier, et bien qu'il ne dût aller au devant que des rois de France, alla à sa rencontre jusqu'à Saint-Antoine-des-Champs, le 31 décembre 1536. Jacques V descendit à Notre-Dame, et passa la nuit à l'évêché. Le

---

* Mémoires de Martin du Bellay, collection Michaud et Poujoulat, 1re série, V, p. 431, 436, 437, 438.

Une princesse à tout bien disposée,
Fille du roy, la plus belle du monde.

lendemain, 1ᵉʳ janvier 1537, les épousailles furent faites à Notre-Dame, et, le soir, le festin fut fait en la grande salle du Palais*, auquel la cour fut conviée et assista en robes rouges. Il y eut après le souper force danses et repas somptueux**. Nous savons même quelque chose des dépenses faites alors, d'une pièce par laquelle François Iᵉʳ charge son argentier de payer 12,462 livres 19 sols 11 deniers à divers marchands, « à cause de plusieurs draps et toilles, tant d'or, d'argent et de soie, par eux fournis pour servir à faire robes et autres habits à nos très chères et très amées filles les royne d'Ecosse, Dauphine et Marguerite, et pareillement à certaines dames et demoiselles de leurs maisons, auxquelles nous en avons fait et faisons don, pour servir aux fiançailles et epousailles de notre fille la royne d'Escosse***. » La poésie ne pouvoit être muette, et, outre la pièce que nous publions, l'on connoît un autre chant nuptial écrit par Clément Marot****, qui, dans *le Dieu gard de la court* pour l'année 1537 (I, 547), nous parle de son départ prochain :

Ha! royne Madeleine,
Vous nous lairrez ; bien vous puis, ce me semble,
Dire *Dieu gard* et *adieu* tout ensemble.

En dehors de cette poésie officielle, une chanson populaire extraite par M. Le Roux de Lincy d'un recueil pu-

---

* Du Bellay dit moins justement que ce fut à la maison épiscopale.

** Godefroy, *Ceremonial françois*, éd. de 1649, II, 748-50 ; Sainte-Marthe, *Hist. généal. de la Maison de France*, I, 641-2.

*** Catalogue de lettres autographes, par M. Charavay, 22 nov. 1852, n° 199.

**** Ed. Lenglet-Dufresnoy, II, 64-7.

C'est la nymphe humaine,
Dame Madelaine,
Une passe Heleine,
De grant beaulté pleine,

blié en 1555, et insérée par lui dans ses *Chants historiques françois* (II, 116-18), a traduit naïvement et d'une manière vraiment touchante les regrets de cette toute jeune fille (elle n'avoit pas plus de 15 ans), encore toute affligée de la mort subite de son frère aîné le dauphin François (10 août 1536), regrettant ses frères, ses compagnes, Blois, Paris, Orléans, où elle avoit passé son enfance; craignant la mer et s'effrayant d'aller dans un pays dont elle n'entend *mot ne deux, sinon de parler bon françois*. Elle partit pourtant, le 11 mai *, accompagnée d'une escorte de vaisseaux françois, et débarqua en Ecosse le 1er juin 1537 **. Il y eut, malgré la pauvreté du pays à ce moment, de grandes démonstrations de joie à son débarquement à Leith***; mais elle ne jouit guère de sa royauté, car la maladie de poitrine dont elle étoit affectée l'emporta le 2 juillet, c'est-à-dire à peine un peu plus d'un mois après, et elle fut enterrée dans l'église Sainte-Croix d'Edimbourg****. Les prêtres seuls ne la regrettèrent point, dit Buchanan, parceque, la sachant élevée par sa tante la reine de Navarre, ils craignoient, si elle eût vécu, qu'elle ne se fût opposée à leurs volontés; mais elle fut si regrettée de tous qu'on en porta le

---

* Cf. les trois lettres écrites par elle à son père et publiées par M. Champollion Figeac, *Poësies de François I*er, p. 212-13.
** V. Kalend. Junii. Buchanan, *Rerum scoticarum historia*, libro XIV. Francfort, 1624, in-8, p. 523.
*** Walter Scott, *History of Scotland*.
**** Le Père Anselme donne la date du 2 juillet; le Père Hilarion de Coste (*Eloges des reines, etc.*, 1630, in-4, p. 388-92), donne celle du 7.

En honneur conficte,
Royalle seraine,
Escossoyse royne,
Tige primeraine

deuil, ce que le même Buchanan dit être, chez les Ecossois, le premier exemple de cet usage, qui étoit encore très rare au momen t o il écrivoit, c'est-à-dire quarante ans après. Sur cette mort, Brantôme* a un passage si touchant, que nous le transcrirons en entier : « Il fut quasi de même qu'elles (ses deux aînées, mortes toutes jeunes) de madame Magdelaine de France leur sœur, laquelle n'eut grand loisir de jouir heureusement de la chose du monde qu'elle avoit le plus affectée, qu'estoit d'estre reyne, tant elle avoit le cœur grand et haut. Elle fut donc mariée au roy d'Escosse, et, ainsi qu'on l'en vouloit destourner, non certes qu'il ne fust un beau et brave prince, mais pour estre condamnée à aller faire son habitation en un pays barbare et une gent brutale, luy disoit-on, elle respondoit : « Pour le moins, tant « que je vivray, je seray reyne, ce que j'ay tousjours « desiré. » Mais, quand elle fut en Escosse, elle en trouva le pays tout ainsy qu'on luy avoit dict et bien different de la douce France. Toutesfois, sans autre semblant de la repentance, elle ne disoit autre chose, sinon : « He- « las ! j'ay voulu estre reyne », couvrant sa tristesse et le feu de son ambition d'une cendre de patience, le mieux qu'elle pouvoit. M. de Ronsard m'a conté cecy, lequel alla avec elle en Escosse, sortant lors de page d'avec M. d'Orléans (Henri II), qui le luy donna pour aller avec elle et voir son monde. Elle ne demeura pas longtemps qu'elle ne mourust, bien regrettée du roy et de tout le pays, car elle estoit fort bonne et se faisoit beaucoup

* OEuvres, éd. Petitot, 1823, t. 5, *Dames illustres*, 229-30.

De fleur souveraine
Du beau lys produicte.
Lucresse romaine,
Ta gloire haultaine
Près de ceste est vaine,
Frivole et loingtaine,
Sans fruict ne merite.
O France inhumaine!
Souffre-tu qu'on meine
Hors de ton demaine,
En estrange plaine,
Du monde l'eslite!

Las! qu'ay-je dit? Vueille-moy pardonner,
Royne d'honneur, France très honorable;
De cruaulté je t'ay voulu donner
Le tiltre à tort, car tu veulx guerdonner
Ung peuple amy, loyal et secourable,

aymer, et avoit un fort grand esprit, et estoit fort sage et vertueuse. » Ronsard lui-même a rappelé[*] qu'il avoit été son page, dans de beaux vers qui mériteroient aussi d'être cités; mais cette note est devenue si longue qu'il est temps de la terminer. J'ajouterai seulement que Jacques V, toujours fidèle à l'alliance de la France, fit bientôt demander en mariage Marie de Lorraine, qu'il épousa le 9 mai 1538, et qui fut la mère de Marie Stuart.

[*] Dans la belle pièce intitulée *Tombeau de Marguerite de France, duchesse de Savoye, ensemble de François I*[er]*, de ses enfans et de ses petits-fils*, éd. de Buon, 1623, in-fol., p. 1412. — Buchanan a écrit trois courtes épigrammes *in obitum Magdalenæ Valesiæ, Reginæ Scotorum, XVI annos extinctæ* (Poemata, Amstelodami, 1687, in-12, epigrammatum libro sec., p. 366); mais elles sont insignifiantes.

VIRELAYS.

Aux fleurs de lys de tout temps favorable,
Qu'on ne veist onc en fortune ployer,
Mais pour ton nom sa puissance employer.
Si tu veulx donc, comme il est bien decent,
Le contenter du merité loyer,
Et envers luy ton amour desployer,
Le droit le veult et raison s'i consent.

    Beaulx facteurs celestes
    Et divins poëtes,
    Laissez plains funestes,
    Regretz et larmettes,
    Gesir à par soy;
    Prenez vos plumettes,
    Traictez d'amourettes
    Chastes et honnestes
    De ce jeune roy.
    Musicales testes,
    Tenant des planettes,
    Sonnez espinettes,
    Lucz, rebecz, musettes,
    Sans cesse et requoy;
    Chansons nouvelettes,
    Bransles de sonnettes,
    Joyeuses sornettes,
    Hauboys et trompettes,
    Chassez tout esmoy.

Gentilz espritz, nobles cœurs amoureux,
Qui sur tous cas cherchez manière et stille,
Par bruyt et los et faictz chevalereux,
De vous monstrer vaillans, hardis et preux,
Pour l'appetit d'une dame gentille,

Fust-ce Floripe, Helaine ou Deiphile,
Chascun de vous, sur sa cuisse la lance,
Vienne courir au tournoy d'excellence
Faict pour ce roy. Que chascun doncques s'arme !
Venez jouster, monstrez vostre vaillance ;
Rompez le boys, faictes tours de plaisance,
Pour le plaisir de la belle qu'il ayme.

Esperant mieulx.

BALLADE.

Puis peu de jours trois celestes deesses,
J'entens les trois qui pour le frainct[1] doré
Misrent au vent beaulté, sçavoir, richesses,
Devant Paris, leur arbitre honoré,
Ces troys icy, du hault ciel azuré,
Jettent leurs yeulx sur le climat de France ;
L'on veut choisir, sans longue difference,
Une pucelle où tout honneur abonde,
Qui soubz les lys faisoit sa demeurance,
Fille de roy, la plus belle du monde.

Voyant adonc les vertus et noblesses
Dont son franc cueur estoit tant decoré,
Craignent soubdain ses sublimes princesses
Qu'aulcun des dieux ne fust enamouré.
Juno n'a pas le maintien asseuré
Que Juppiter n'ayt d'icelle accointance,

1. *Fruict* vaudroit mieux.

Et Venus craint de son Mars l'aliance;
Pallas a peur d'estre à elle seconde,
Car elle voit fleurir en grant prestance
Fille de roy, la plus belle du monde.

  Que feist Venus? Bien apprinse en finesses,
Après avoir ce faict consideré,
Pour mieulx priver les divines haultesses
De ce joyau, ung beau roy preferé
Sur tous humains, en la France esperé,
Transmist d'Escosse, une isle de plaisance,
Amye au lys de toute congnoissance,
Pour espouser, dont tout plaisir redonde,
Le choix d'honneur, la nymphe d'excellence,
Fille de roy, la plus belle du monde

Envoy.

  Prince escossoys, Venus, qui a regence
Sur tous amans, en publicque audience
T'a adjugée une princesse munde
En court d'amour, par arrest de sentence,
Fille de roy la plus belle du monde.

Le Blazon de la Cosse, contenant troys grains dont saillent et naissent trois fleurs; c'est assavoir : le lys, la rose, l'ancolye.

En ceste noble Cosse excellente et fertile,
Ceinte de creuses mers, plantée sus
[verte isle,
De tout temps on a veu le blanc lys ger-
[miner,
Et autour d'iceluy deux belles fleurs regner :
C'est la rose odorante, amyable et jolye,
Et de l'autre costé l'azurée ancolye.
L'ancolye, c'est foy, constance et loyaulté,
Et la rose est amour, humblesse et pureté,
Desquelles deux vertus nation escossoyse,
A tousjours bien usé vers noblesse françoyse.
Tout cecy clairvoyant, Largesse liberale
A doué leur beau roy d'une fille royale,
Qui se peult appeller, tout bien veu et compris,
D'amour et loyaulté le guerdon et le pris.

Esperant mieulx [1].

Finis.

---

1. Sur Jean Leblond, sieur de Branville, natif d'Evreux en Normandie, surnommé l'Esperant mieulx, qui, entr'autres ouvrages, a publié beaucoup de traductions, et qui prit part à la querelle de Marot, contre lequel il se déclara, on peut voir La Croix du Maine, édition Rigoley de Juvigny, I, 452-3, et Goujet, *Bibl. franç.*, XI, 106-12.

*La Loyaulté des Femmes, avec les Neuf Preux
de gourmandise, et aussi une bonne recepte pour guerir les yvrongnes* [1].

Quant on vivra sans boire ne manger,
Quant les poissons sans eaue nageront,
Quant Ytalie sera sans usurier,
Quant les lièvres plus courir ne voul-
Quant les perdrix viendront à l'espervier, [dront,
Quant les tresors seront habandonnez,

---

1. 4 ff. goth. Au titre, trois femmes qui, malgré l'absence de vases de parfums, pourroient bien être les sain-
tes femmes allant au sépulcre. Au commencement des
Neuf preux de gourmandise est un bois représentant un
homme qui vomit et qui est soutenu par un homme qui
pourroit bien être Esope. Derrière l'ivrogne est un
homme qui a la main à sa bouche, et à gauche un homme
en longue robe qui semble leur parler. Au dernier verso
est un bois de deux soldats en souliers à la poulaine et
appuyés sur leurs épées, dont l'un tient un verre. Il y
en a une autre édition gothique (B) de 4 ff. in-8. Au-
frontispice, une branche coupée; au dernier verso, un
fragment d'un plus grand bois coupé. Ici c'est le bas d'une
robe. Nous ajouterons que les Neuf preux de gourmandise se retrouvent dans *les Faictz et ditz* de Molinet; dans

Quant on verra pleuvoir escuz de poys,
Quant buscheron yra sans hache au boys,
Quant sus Montmartre Saine aura esté,
Quant les anfans n'auront cure de noix,
Lors verrez-vous en femme loyaulté.

Quant on verra sans herbes le vergier,
Et les asnes doulcement chanteront,
(Et) quant Fortune sera sans varier,
Quant les singes le fouet aymeront,
Quant les biens faictz seront regardonnez,
Quant les muets seront ensermonnez,
Quant Lucifer viendra baiser la croix,
Quant vous verrez, de force de filer,
Femmes, filles, tous leurs bras debriser,
Et quant les mors seront ordonnez roys,
Et la Typhaine sera sans royaulté;
Quant quatre choses pourront estre sans trois,
Lors verrez-vous en femme loyaulté.

Quant les regnars seront sans espier,
Quant les chiens aux loups trève feront,
Quant les prescheurs n'aymeront dan denier,
Quant les Normans de vin cure n'auront,
Quant les buvrages demourront entonnez
Sans que de riens soient advironnez;
Quant amoureux seront sans haulx souhais,

l'édition gothique de Jehan Longis, 1531, in-fol.; ils s'y trouvent au verso du feuillet 87. Seulement, dans les œuvres de Molinet, la pièce est écrite en vers de sept pieds; ici elle est en vers de huit. C'est ce qui fait qu'il n'y avoit pas lieu de donner de variantes.

Quant les orfèvres vendront le marc sans pois
Et le soleil luyra sans clarté,
Quant on jouera de la herppe sans doys,
Lors verrez-vous en femme loyaulté.

Quant le soleil sera sans tournoier
Et les maignens leurs poisles donneront,
Quant le moisson[1] si battra l'esprevier,
Quant les marchans leur denrée blasmeront,
Quant les juges seront emprisonnez,
Et quant les folz seront arraisonnez,
Quant on verra une forêt sans boys,
Quant les chasseurs n'aymeront les aboys,
Et quant enfer reluyra de beaulté,
Quant on donra l'escu pour ung tournoys,
Lors verrez-vous en femme loyaulté.

Prince, la femme ne fait bien nulle foys;
Aussi vrayment ce seroit nouveaulté;
Ilz feront mieulx, mais pas je ne le croix.
Lors verrez-vous en femme loyaulté.

Cy fine la Loyaulté des Femmes.

1. Le moineau.

S'ensuyvent les neuf preux de Gourmendise[1].

LE PREMIER[2].

Je suis Noé, qui ay plantay
La vigne après le deluge ;
Je tiray du vin et goustay ;
Tant à mon ventre j'en boutay
Que de dormir fut mon reffuge.
De Cham, mon filz, mocqué fus-je,
Qui apperceut mes genitoires.
Maudit il fut par mes boittoires.

LE SECOND[3].

Je suis Godor Lohomortins[4],
Qu'ay cinq grans roys à mon command.
Je prins Loth et tous ses butins ;
Mais Abraham, par ses huttins,
Me vint surprendre en mon dormant,
Lors je finay comme gourmant,

---

1. Dans Molinet, la pièce est précédée de ces quatre vers :

> La Bible faict mention
> De l'extrême vaillantise
> Qu'ont faict par potation
> Les neuf preux de Gourmandise.

2. Genesis nono. Nous donnons cette indication et les suivantes d'après le volume de Molinet ; elles y remplacent les indications premier et second.

3. Genesis XIIII.

4. Dans Molinet la leçon est plus juste :

> Je suis Chador Laomor ; tins
> Cinq roys tout à mon command.

Enyvré sans en riens cremir.
Pense plaine si veult dormir.

Le iij[1].

Je suis Loth, qui eschappay [2]
Des cinq citez qui fondirent;
Tant horriblement je souppay
Que tous mes cinq sens me faillirent;
Mes deux filles si m'assaillirent,
Que j'engrossay par ignorance.
De la pense vient la dance.

Le iiij[3].

Je suis Nabal, d'estrange taille,
Rude, villain, tout plain d'avoir,
Qui reffusay de ma vitaille
A David, qui ma fruictaille
Et tout mon pain vouloit avoir.
Ma femme fist bien son devoir;
Mais je finay comme ung yvrongne.
Gros panssars si ont rouge trongne.

Le v[4].

Je suis Amon, filz de David,
Qui ma seur Thamar deffloray.
J'avoye pour lors grant audivit;
Mais Absalon, qui cecy vit,

---

1. Genesis XIX.
2. Dans *les Faitz* de Molinet :
   Tant horriblement choppay
   Par le vin que je happay.
3. Primi Regum XXV.
4. Secundi Regum XIII.

S'en venga, il n'est rien plus vray :
Moy estant en mon lict couché,
Du corps il me fist partir l'ame.
Le friant vin froit[1] cueur enflame.

Le vj[2].

Je suis Hela, filz de Basa,
Faulx tyrant et mal proffitable.
Le trop boire si m'empescha ;
Mais Zembry si m'en despescha,
Qui m'occist seant à la table.
Ebrieté est detestable
Et cause de plusieurs accidens.
Gourmans font leurs fosses aux dens.

Le vij[3].

Je suis le fier Holoferne
Qui assiegay Bethulie.
Judic, la beaulté disserne,
Qui mon œil regarde et cerne[4],
Me vainquit par ma follie.
Moy dormant la pense emplye,
Du corps me trancha la teste.
Bon vin esmeult grant tempeste.

Le viij[5].

Je suis Baltazar, plain d'assaulx,
Roy de la grande Babillonne.

1. B : male.
2. Tertii Regum XVI.
3. Judich XIIII.
4. Ce vers manque dans l'édition B.
5. Danielis V.

Du temple [je] pris les vesseaulx;
Si en beurent tous mes vassaulx[1].
Mais de moult grant guerre felonne
Qui les orgueilleux envyronne
Si resveilla mes grans banquetz.
Bon vin esmeult les grans caquetz.

Le ix[2].

Je suis Seymon Machabeus,
Champion du roy divin,
Qui fus trop mollement deceus
De par le roy Ptholomeus,
Qui m'enyvra de son bon vin.
Il m'occist dormant soubz la vigne,
Et pilla tout par avarice.
Grant buveur si n'est jamais riche.

S'ensuyt la recepte pour guerir les yvrongnes.

Primo recipe et statin (sic) *accipe.*

Se, pour trop boire, (le) lendemain
Vous tremble teste, bras ou main,
Avoir vous fault, sans contredit,
Du poil du chien qui vous mordit.

Explicit.

1. Ce vers manque dans l'édition B.
2. Primi Machabeorum ultimo.

Les moyens d'eviter merencolie, soy conduire et enrichir en tous estatz par l'ordonnance de Raison, composé nouvellement par Dadouville.

Cum privilegio [1].

« De par Monseigneur le lyeutenant criminel.
« Il est permis à noble homme Jacques Dadouville, prebstre, faire imprimer et vendre le present traicté, et deffences à tous qu'il appartiendra de le faire imprimer ne vendre jusques à deux ans, sur peine de confiscation et d'amende arbitraire. Faict le huytiesme jour de mars mil cinq cens xxix. Signé : J. MORIN. »

L'ACTEUR.

Consideré qu'en tous estatz
Sont de gens au monde grant taz
Desirant joye et biens avoir,
Mais (les) moyens ne peuvent sçavoir
Souffisans pour à ce venir
Et à ceste fin parvenir,

[1]. Nous imprimons cette pièce d'après l'édition de Jacques Nyverd. Il y en a une autre édition, sans doute

Dont se donnent merencolye
Que avec eulx se joinct et lye;
Mais affin d'yceulx deslier,
Avec eulx me veulx allyer
En leur conseillant par exprès
Les cas que descripray après.

postérieure, avec la devise *Ce sera que sera* après le titre, et avec la mention : « On le vend à Paris en la rue Neufve-Nostre-Dame, à l'enseigne sainct Nicolas. » Pet. in-8 goth. de 20 ff. Nous remarquerons que, dans Du Verdier, à l'article de Jean d'Abundance, on trouve cette indication : « Les moyens d'eviter merencolie, soi conduire en tous états par l'ordonnance de Raison. Les quinze grands et merveilleux signes, nouvellement descendus du ciel au pays d'Angleterre, moult terribles et divers à ouir raconter. Item plus la lettre d'Escorniflerie, laquelle porte grands priviléges à plusieurs gens, et la chanson de la grande gorre. Le tout composé par ledit d'Abundance sous le nom de maître Tyburce, demeurant en la ville de Papetourte. Imprimé à Lyon sans nom ni date (éd. de Rig. de Juv., 4, 325-6). » On connoît bien d'autres éditions des Quinze signes et de la Lettre d'Escorniflerie avec le nom de d'Abundance, mais non pas des Moyens d'eviter merencolie. L'on verra ici même, dans l'épilogue, Dadouville se plaindre que son titre lui ait été frustré par envieulx. Pour savoir si *les Moyens d'eviter merencolie* du volume de Lyon sont une réimpression de Dadouville ou un autre ouvrage par Jean d'Abundance, il faudroit voir ce dernier volume, qu'on ne peut attendre que du hasard. Ce qu'il y a de sûr, et cela par le témoignage même de Dadouville, c'est l'existence, sous le même titre, d'un ouvrage différent du sien et que personne ne paroît avoir retrouvé.

Par ce moyen ils parviendront
A leur intention et viendront,
Car mon cueur du tout soy estant
A ung chascun (soy) rendre contant;
Le contant est riche en ce monde,
Qui est le poinct où je me fonde,
Mais sans Raison ne se peult faire;
Les moyens entant et affaire
De rendre riche[s] et joyeulx
Ceulx qui l'ensuyvent en tous lieux;
Bon Espoir se joinct avec elle,
Qui tous resjouyst à merveille,
Nous promettant que nous aurons
La paix tandis que nous vivrons,
Et Bon-Temps aussi reviendra,
Lequel tous nous resjouyra.
Nous avons eu très grant dommaige
Durant qu'a esté en voyaige;
Mais à son retour ferons grant chère¹.
Aulcune chose n'avons chère;
De nous bannira desplaisir.
Chascun vivra à son plaisir;
Chascun dira : Buvons d'autant;
Chascun dira : J'en suis contant;
Chascun aura joye et soulas;
Chascun ne dira plus : Helas!
Chascun aura force d'argent;

---

1. Dans ce vers, comme dans tout le reste de la pièce, Dadouville a considéré comme élidée par la prononciation la syllabe muette qui précède la terminaison du futur, comme si on prononçoit *frons, sra, s'accollra*.

Chascun sera de son bien regent;
Chascun ne sera point dommaigé;
Chascun sera dedommaigé;
Chascun ne sera despourveu;
Chascun de vivres sera pourveu;
Chascun aura lict et blancs draps;
Chascun s'accollera bras à bras;
Chascun vivra en pacience;
Chascun aura assez science;
Chascun ne prendra nul desbat;
Chascun prendra [bien] son esbat;
Chascun de malfaict se gardera;
Chascun à son faict regardera;
Chascun aura bon lotz et fame;
Chascun n'aura maulvaise femme;
Chascun ne dira son secret;
Chascun sera assez discret;
Chascun tiendra cher son voysin;
Chascun sera amy et cousin;
Chascun ensuyvra la raison;
Chascun n'ensuyvra de raison;
Chascun faira ce que sera tenu;
Chascun pour tel sera retenu;
Chascun n'aura tousjours malheur;
Chascun reviendra en bien heur;
Chascun se gardera de peché;
Chascun n'en sera empesché;
Chascun de son ame aura cure;
Chascun aura ce que procure;
Chascun craindra ce que doibt craindre;
Chascun de tous s'estimera moindre;
Chascun qui bien se gouvernera,

Chascun joyeulx s'en trouvera;
Chascun doibt vivre en bon espoir;
Chascun doibt faire son povoir.
Pour parvenir à ce moyen,
Tant le grant, petit, que moyen.
Raison nous enseigne en ce lieu,
Requerir la grace de Dieu;
Oultre plus, elle nous instruict,
Pour enrichir, ce qui s'ensuyt.

RAISON.

Toy qui as peu de revenu,
Peu te fault faire de despense;
Aultrement pour fol seras tenu;
Entens mes ditz et bien y pence;
Si meilleure la veulx avoir,
D'honneur n'es digne ne d'avoir.

ij.

Toy qui au jeu es maleureux,
De plus jouer donne-toy garde;
Cy tu veulx estre bien eureux,
Il fault que ton cas tu regarde;
De ce faict, te prie, te retarde.
Cy veulx estre riche et joyeulx,
Applique-toy à aultres jeulx.

iij.

Toy qui n'as grans prises ne rentes
Et t'abille de drap de soye,
Ce sont raisons mal aparentes;
De toy enrichir n'est la voye;
Je te supplye, ne te desvoye;

Par habillemens dissoluz
Ensuyt l'estat des resoluz[1].

iiij.

Toy aussi qu'es[2] jeune gendarme,
Guyder te convient ta jeunesse,
Tant que par vertu et par arme
Elle puisse nourrir ta vieillesse,
En sorte qu'en joye et lyesse
Elle puisse bien finir ses jours.
Cela te viendra à ces jours[3].

v.

Toy aussi qu'es tant excessif,
Des despenses tu faiz tant folles ;
En tous cas [tu] es moings actif
Que'ne sont les enfans d'escolles ;
Souvienne-toy et te recolles
Que, quant auras tout consummé,
Du monde seras mal nommé.

vj.

Toy, meschant, qui achepte cher
Et puis revens à bon marché,
Ton prouffit tu ne tiens pas cher ;
Garde que [tu] ne soy marché

---

1. Le mot est pris dans un sens peu habituel, mais originaire : Solutus, résous, dissous, détruit.
2. Ici, comme dans d'autres strophes de la pièce, il y a bien dans l'imprimé *qui es, qui as*; mais la mesure indique cette prononciation, et d'ailleurs Dadouville l'a lui-même imprimé ainsi une fois.
3. Peut-être faut-il lire : à séjours.

Sans jamais estre desmarché
Hors de ton prouffit et honneur :
Ce te seroy[t] grant deshonneur.

vij.

Toy qui d'aulcun te veulx venger
Pour quelque cas que t'as mefaict,
De cella te convient venger
Sans riens en mettre à effaict :
Car possible adviendra de faict
Qu'en cuydant cella entreprendre,
Tu te fairas tuer ou pendre.

viij.

Toy qui par follye et paresse
Laisse pardre ce qu'as gaigné,
De ton maistre ou de ta maistresse,
En ce faict es desordonné :
Car le droit n'a pas ordonné
Que tu parde le tien service.
Cela ne peulx faire sans vice.

ix.

Toy qui par les folz te conduis,
Et aussi par gens inuctiles,
A leur conseil tu te reduys,
Par quoy ne faiz choses utiles ;
Tu n'as raison, tant soyent subtiles,
Qu'en rien te puissent excuser.
Ta follye te veult accuser.

x.

Toy qui oncques ne travaillas
Et du tout n'as voulu rien faire,

Quant tu seras vieil, rien n'auras,
Synon grans soucy et affaire ;
Lors l'homme de bien contrefaire
Ne pourras, car tu seras tout nu,
De tout le monde descongneu.

xj.

Toy, marchant, ne pers ton credit,
Ne toy aultre, qui que tu soyes.
Cy le pers, sans nul contredit,
Plus estime de toy ne foys.
Ton honneur fault peser au poys,
Car, cy à aucun faiz dommaige,
Tenu es à un desdommaige.

xij.

Toy qui as le cerveau liger,
Et qui croys trop ligerement,
Je te supplye, soys diliger
De penser à ton cas devant,
Ou en danger viendras souvent ;
Car une chose trop ligière
S'en va au vent comme poussière.

xiij.

Toy qui es par trop nesgligent
De faire ce que tenu es,
C'est très maulvais gouvernement :
Je te le deffens par exprès ;
De ton faict tu doibs estre près,
Et de ce tu doibs avoir cure :
Qui bien veult avoir le procure.

xiiij.

Toy qui n'as qu'au jour la journée,

Et ne pence au temps advenir,
Une chose est desordonnée;
A nul bien tu n'en peulx venir.
En ton cœur aye souvenir :
Qui n'a rien il n'est rien prisé,
Mais est d'ung chascun desprisé.

xv.

Toy qui es gourment et yvrongne
Et sans fin veulx boire et menger,
Le plus beau est de ta besongne
Par quoy tu es à lesdanger;
Par ce tu te mectz en danger,
Car tu ne cherches que querelles :
Telles façons ne sont point belles.

xvj.

Toy qui as de (grans) biens largement,
Et grant avoir et grant chevance,
Ne le despens pas follement,
Sans propos ne sans ordonnance :
Se seroit à toy grande meschance,
Sy failloit qu'après tes grans biens
Advenoit que tu n'eusses riens.

xvij.

Toy qu'es paillard et putenaire
Et de cestuy cas faitz mestier,
N'acoustume tel ordinaire :
Cella ne te faict pas mestier.
Myeulx te vault aller au moustier,
Ou faire quelqu'autre bonne œuvre.
A ceste affaire ton cueur euvre.

xviij.

Toy qui bien tost te vas coucher
Et au matin te lièves tard,
Cella ne te peult advancer;
Bien fairas d'y avoir regard.
Requis ne t'est d'estre un dormard;
Cy desire bien et avoir,
De la peine te fault avoir.

xix.

Toy qui prestes vouluntiers
A celluy qui n'a de quoy rendre,
De ton prest pers souvent le tiers;
Plus envye ne t'en vueille prendre.
Je te supplye, vueilles apprendre
A hanter toutes gens de sorte [1],
Et aux meschans point ne t'asorte.

xx.

Toi qui, plaideux et harceleux,
Aussi nourriceulx de procès,
Hantes aussi et tous broulleux,
Tes besongnes pas bien (tu) ne faiz,
Car trop sont meschans et infais.
Au long aller mal t'en trouveras;
Avec eulx point n'enrechiras.

xxj.

Toy opiniastre, incorrigible,
Adonné à [la] voulupté,

---

1. Nous disons encore *sortable* pour signifier quelque chose de convenable.

De toy retirer est duysible
S'ensuyvir veulx honnesteté ;
A toy seroit deshonnes(te)té
Qu[e] entre les mains de justice
Tu fusses reprins par ton vice.

xxij.

Toy qui à[1] creance riens cher
Ne trouve, car tu payes très mal,
De ce ne te fault approcher,
Cy tu ne charche l'hospital ;
Certain soys qu'amont ny aval
A aulcun bien tu ne viendras
Par ce moyen, ne parviendras.

xxiij.

Toy qui veulx exercer office
En laquelle rien tu n'entens,
Cella me semble chose nice ;
Je te dis ce que [bien] j'entens :
En ce faisant tu pers ton temps,
Et, qui plus est, tu te destruis ;
Ce n'est pas ce que te instruis.

xxiiij.

Toy qui mengeuz ton blé en herbe,
Pour estre maulvais mesnager,
Voillà ung très maulvais proverbe,
Je te supplye de le changer,
Ou te mectra en grant danger
Ou en très grande povreté :
Craindre tu doibs necessité.

1. Imp. : as.

XXV.

Toy qui nouris des serviteurs
Qui jouent tant le jour que la nuyct,
Ils sont de tous maulx inventeurs,
Qu'à toy et à eulx souvent nuyct.
Garde de prendre ton desduit
De plus yceulx entretenir,
Ou pour ung fol te fairas tenir.

xxvj.

Toy qu'entreprens[1] chose impossible
Et beaucoup plus que ton povoir,
Je te prye, tant qu'il m'est possible,
De ce fouyr. Faiz ton debvoir,
[Ou] aultrement, en desespoir
Cella te faira choir et venir,
Ce ne pence d'y souvenir.

xxvij.

Toy, prodigue et grand despendeur,
Sans aulcune ordre ne mesure,
Tant que ton avoir est vendu.
Tant follement te desmesure,
Je te supplye, ne t'aventure
A telle prodigalité :
Pis est que pleberalité.

xxviij.

Toy qui deffens faiz des follies,
Et es de ce faict coustumier,
Tu feras bien cy tu oublies

---

1. Imp. : qui entreprens.

Les coustumes quavoys premier.
Pour te faire myeulx premier[1],
Tes coustumes te fault laisser,
Car ton honneur te font blesser.

xxix.

Toy qui es desobeissant
A justice et à ton prince,
Rens-toy du tout obeissant,
Entens que tu es en sa province,
Car contre luy tu serois tropt mince ;
[De] resister ne te conseille :
Ce qu'il vouldra, fault que le vueille.

xxx.

Toy qui, par paresse ou par faulte,
Tes biens laisses perdre souvent,
En toy y a follye très haulte ;
On le congnois[t] esvidemment.
Il te faut estre bien gardant
Si des biens tu pretens avoir :
Le saige garde son avoir.

xxxj.

Toy qui ta femme tiens gorgiase
Tropt plus qu'à elle n'apartient,
Pour paour qu'elle ne te face noise,
Luy donne quelque gorgias sainct[2],
Que pour l'amour de toy elle sainct,
Ce dict-elle pour t'abuser,
C'est follye de t'y amuser.

---

1. Estimer, de *præmium.*
2. Ceinture.

xxxij.

Toy qui ta femme en voiage
Maines souvent pour son plaisir,
Rien plus ne t'en estime saige,
Car tu me faiz grans desplaisir.
Maintenant je n'ay pas loisir
De te dire ce que j'en pence,
Mais peu me plaist telle despence.

xxxiij.

Toy aussy qui faictz les banquetz
Et merveilleuses assemblées
Avec[ques] ung tas de muguetz
Qui t'afrontent tous à l'emblées,
Tes joyes seront tant troublées
Que tu ne serois dire combien
Quant ilz auront mangé ton bien.

xxxiiij.

Toy qui donnes à mainctz suppos
Ton bien tropt excessivement,
Sans regarder à quel propos
Ny à quel fin semblablement,
Cy veulx enrichir grandement,
Ne devise jamais ta rente;
Garde ton bien et l'augmente.

xxxv.

Toy qui par tropt t'estime et prise
Et tropt plus fort que tu ne vaulx,
De ce te veulx faire reprinse,
Car l'on te tient[1] de mes vassaulx;

1. Imp. : tiens.

Pour ce te livre mains assaulx,
Te reprenans de ton forfaict,
Que congnoistre je puis de faict.

xxxvj.

Toy qui de ton bien te desmez
Et te despoulle en aultres maings,
Pense que tu n'auras jamais
Fors que douleurs et de maulx mainctz.
Ne viens vers moy faire les plains
Pour avoir de moy reconfort,
Car cella te deffens très fort.

xxxvij.

Toy qui pille aultruy et desrobe
Et qui viz de maulvais acquest,
Et cy n'as vaillant une robe,
Tout retourne d'[o]ù venu est;
Je te supplye, sans plus d'arest,
D'aultruy piller ne prens envye,
Car ce faict est maulvaise vie.

xxxviij.

Toy qui despens plus que ne gaignes,
Cella va mal à ton proffict,
D'avoir des biens n'es pas ydoyne,
Puis qu'à les conduire n'es duyct;
Il fault que du tout soys reduyct
Selon ta gaigne toy passer,
Cy ton cas veulx bien compasser.

xxxix.

Toy qui a chevaulx et bestial,
Pour ton proffict donne-toy (en) garde;

Aultrement tu t'en trouveras mal,
Et pour ce de près y regarde ;
Tous les meneus plaisirs retarde
Jusques à ce qu'auras pourveu,
Cy n'en veulx estre despourveu.

xl.

Toy qui encontre les murailles
Laisse pourrir la tapisserie
Et linge, tant que ne vault pailles,
Tel tour sent bien sa bellistrie[1] ;
A ceste cause je te prye
Que, si tu te veulx enrichir,
Plus ne le fault laisser pourir.

xlj.

Toy qui te mectz d'aultruy caution
Et pleiges sans sçavoir comment,
A toy n'est sens ne discretion,
Je te le ditz tout privement ;
Et, si tu le crois aultrement,
C'est raison que mal t'en advienne.
Notes mes mots et t'en souvienne.

xlij.

Toy qui es ung povre gentil
Qui n'appettes que friandises,
Cella je trouve mal gentil,
Ce ne chastie tes gourmandises ;
Quelque chose que tu me dises,

---

1. Est bien le fait d'un bélître, d'un sot.

Ce tu les veulx plus ensuyvir,
Ne pense plus de moy suyvir.

xliij.

Toy qui laisses tes prez sans clore
Et tes jardins tousjours ouvers,
En nul temps ne les fault desclore :
Les bestes les mengent tous verds ;
Ton gouvernement est dyvers,
Et pour ce, au temps advenir,
Pense quelle fin en peult venir.

xliv.

Toy qui as [eu] la cognoissance
Que l'eaue entre en tes garniers,
Toutesfoys n'as pas la science
De mettre ordre, plus tost quiers
Ton dommaige, je te requiers
Que tiennes ta maison couverte,
Ou par l'eaue auras tousjours perte.

xlv.

Toy qui change ung bon cheval
A ung maulvais, par ta follye,
Ton affaire ce porte mal
Cy plus à tel marché te lye ;
Ne feiz marché que ne deslye
Quant te plaira, cy bon te semble,
Et aux trompeulx point ne ressemble.

xlvj.

Toy qui vens aussi et engaige
Ta chevance sans nulle cause,
Sans penser à ton avantaige

La fin, ne le moyen, ne glose,
De ce te reprendre bien oze :
Car desplaisir qu'est contre toy
Me grefve autant comme à moy.

xlvij.

Toy, tavernier, que tiens bordeaux,
Aussi gens de maulvaise vie,
Ne faiz plus tous ces cas tant faulx,
Cy d'honneur avoir as envie ;
Plus tost desire que devye
Que de retirer meschans gens
Tant à la ville comme aux champs.

xlviij.

Toy qui faictz bruller le boys vert
Et qui faictz menger le pain chault,
En ton mesnaige tost ou tard,
Bon proffit faire ne te chault ;
Aultrement faire il te fault,
Et ce faire je te conseille.
A mon conseil, je te prye, veille.

xlix.

Toy qu'as ta grange descouverte
Durant que tes blez sont dedans,
Tu ne pence point à ta perte,
Tes faictz le sont bien demonstrans ;
Avecques le doy te monstrans
Plusieurs sont ; mais, cy tu es saige,
Bien esviteras le passaige.

l.

Toy qu'as possedé grant avoir,

Et maintenant plus tu n'en as,
Mais cy vertus as et sçavoir
Par mes moyens t'enrichiras,
Et poinct ne desenrichiras,
Cy mon conseil tu veulx ensuyvre,
En tout honneur te faire vivre.

lj.

Toy qui te laisse subjuger
A ton prochain sans toy deffendre,
Je te conseille revencher,
Gardant ton droit sans luy mesprendre;
De ce ne seras à reprendre,
Et pour tout vray tu seras lasche,
Cy mon conseil faire ne tasche.

lij.

Toy qui decouppe abillemens [1]
Pour myeulx trencher du glorieulx,
Par tes faictz et gouvernemens
Tu acquiers blasme en mainctz lieux;
Je ne congnois jeunes ne vieulx
Qui [tout] ainssi comme toy face,
Fors quelcun qui te contreface.

liij.

Toy qui vas tart à ta besongne
Et pour ta journée commencer,
De ce ne charche que l'eslongne,
Legerement te veulx passer.
Quant c'est faict, pour recommencer

---

1. Qui les taillade d'ouvertures, de crevés, comme on disoit.

A poyne veulx; le lendemain,
Le travailler ne tiens à main.

liiij.

Toy qui n'as aultre pencement,
Depuis que t'es [1] lesvé du lict,
Sy non de [bien] pencer comment
Prendras ton plaisir et delict,
Ton cueur meschanceté eslict;
Mais, sy tu me croys, de vertus
Tes esperitz seront vestus.

lv.

Toy qui laisse ta cave ouverte,
Tes garniers, aussy tes charniers,
Cella ne seroys faire sans perte
Telz tours font esperitz ligiers,
Non pas les saiges taverniers,
Lesquelz voullent avoir chastel;
Par iceulx ne se faira tour tel.

lvj.

Toy qu'as vendu ton heritaige
Pour employer en marchandise,
Si l'employe à ton avantaige,
Cause n'ay que te contredise,
Ne qu'aucun mal de toy je dise;
Mais ay grant peur que de ta part
Ne parviendras à tel hasart.

lvij.

Toy qui faictz plaisir à aultruy,

1. Imp. : tu es.

Et en ce faict as interest,
Myeulx il te vauldroit qu'icelluy
Ne te cogneust pas de sy prest;
Je te commande par exprès
Que pour aultruy ne te destruise,
Mais qu'à ton prouffit te instruise.

lviij.

Toy qui par faulte et negligence
De reparer en ta maison,
Laisse tomber en decadence,
A toy est tropt grant mesprison ;
Moy ny aultre ne t'en prison :
Car, par defaulte de bon ordre,
En ce faict y a grant desordre.

lix.

Toy qui, par faulte de poursuivre,
Bien souvent ton droict perdre laisse,
Tu n'entens pas comme il fault vivre,
Puis que ton prouffict [tu] delaisse.
En ce faisant ton honneur blesse ;
Cella me semble fort estrange
Contre ton prouffict et louenge.

lx.

Toy qui justice [pas] ne crains
Et d'elle n'as aucune peur,
S'une foys te tient[1] en ses mains,
Oncques tu n'euz plus grant frayeur ;
Sy mal tu faiz, soys pour[tant] seur

Imp. : Sy une fois te tiens.

Qu'une fois en seras pugny :
Nul mal ne demoure impugny.

lxj.

Toy qui, par peur de dix escuz
Perdre, souvent tu en pers cent,
Dont seroyent nourris et vestus
Ceulx qu'as en ton gouvernement,
Je te supplye, doresnavant
Remède vueilles y donner
Et à ton prouffict t'adonner.

lxij.

Toy qui faicz par aultruy tes contes,
Toy-mesmes pry que [tu] les oy(e)z ;
Craindre tu doibtz tousjours mescontes ;
A nully fier ne t'en doibs.
Bien te trouveras, sy m'en croys,
Car on a veu mainct recepveur
Estre son maistre decepveur.

lxiij.

Toy qui ton bien baille sans conte
A aultruy, c'est bien peu de sens :
Sy après y trouves mesconte,
C'est raison, car tu le consens.
Telz faictz ce sont tours d'ynnocens,
Et gens de sot gouvernement
Allans à l'hospital souvent.

lxiiij.

Toy qui ayme mieulx ton ayse
Et ton plaisir que ton prouffict,
Cela te viendra à malayse ;

Honneur n'y auras ne credit.
Entendre fault, quant tout sera dict,
Cy au monde [tu] veulx durer :
Par tout le convient endurer.

lxv.

Toy qui tropt de mestiers comprens,
[Et] de tout te cuyde mesler,
A ce faict passe temps ne prens,
Car tout ne seroys demesler,
Mais le demeslé remesler,
Mais pourroys par trop entreprendre,
De quoy tu seroys à reprendre.

lxvj.

Toy qu'es subject à ton plaisir
Et ne veulx user de raison,
De ce te viendra desplaisir
Car c'est ung faict de desraison
Et digne de correction ;
La fin de ce faict loura l'euvre :
Le bon ouvrier faict bon euvre.

lxvij.

Toy qui par tropt t'estime saige,
De ce fol te faiz estimer ;
Changer te convient ton couraige ;
Ne faicz point te deshestimer,
Mais faicz-toy priser et aymer
Par doulceur et humilité ;
Ton cas soit par droit limitté.

lxviij.

Toy qui refuse prendre charge

Et commission, de peur de peine,
Car tu veulx vivre davantaige,
Qui es[t] à toy follye très vaine
De mener une vie mondaine,
Car cappable n'es de menger,
Puis que tu ne veulx labourer¹.

lxix.

Toy qui prestes tes bons chevaulx
Et abillemens aux ingras
Ou à quelques jeunes sotereaux,
Qu'au monde font tant de fatras,
Tant plus tu leur en presteras,
Et tant moyens t'estimeray,
Mais du tout te desestimeray.

lxx.

Toy, grant babilleur et flateur,
En fin ne fairas bien ton cas,
Car de tous maulx es inventeur,
Et de follye hault et bas :
Au faict, tu prens tes esbatz,
Ton plaisir et ton passe-temps
Tu faiz assez de mal contens.

lxxj.

Toy qu'as petit entendement,
Du nombre es des mal advisez² ;
Telz emprinses ligerement
Tu faicz, et poinet n'y veulx viser;

---

1. C'est le mot de Caton : *Qui non laborat non manducet.*
2. Dadouville a écrit une pièce sous le titre des *Regretz des Mal Advisez.*

A nul tu ne veulx diviser ;
Sans conseil tu faicz ton affaire,
Où souvent y a à reffaire.

lxxij.

Toy qui n'as [pas] beaucoup de rentes
Et diverses entretiens maisons,
En ce faisans, plusieurs tu hantes,
Et des bancquetz faicz à foysons ;
En tous temps et toutes saisons
Tu tiens ung lieu, ta femme ung aultre ;
Et, par ainsi, l'ung gaste l'aultre.

lxxiij.

Toy qui envers Dieu es ingrat,
Et nullement point ne le sers,
A meschans faiz es plus expert,
Par quoy auras ce que des[s]ers ;
Myeulx te vauldroit aux desers
Estre que mal vie demener ;
Dieu te la doint bonne mener.

lxxiiij.

Toy qu'as grans biens ou chevance
En plusieurs lieux qu'en point ne voys,
Car ad ce ne prens ta plaisance,
Par quoy cella ne te vault croix,
Tes biens visiteras, cy me croys,
De çà, de là, quelque fois l'an,
Sy d'enrichir veulx le moyen.

lxxv.

Toy qui attens la succession
Qui vient d'aulcun de tes parens,

Tes aultres biens à perdition
Metz, qui te sont plus apparens.
Ne faiz tant que vienne à rens
Des meschans, qui ne sont eureulx,
Mais par leurs faiz sont malheureux.

lxxvj.

Toy qu'as mestier que bien exerces,
Toutesfoys nourrir (tu) ne t'en peulx,
Quelque chose que tu tracasses,
Tousjours es povre en tous lieux,
Je croy qu'il te vauldroit myeulx
Adviser quelque autre moyen
Que de souffrir ung tel enhen.

lxxvij.

Toy qui laisse dedans ton pré
Pourrir l'harbe par nesgligence,
Ce tu voulois faire à mon gré,
Tu (y) mettrois aultre pourvoyance.
Cella souvent te desadvance;
Mais de ce es occasion,
Charcher te fault aultre invantion.

lxxviij.

Toy qui d'enfans as la tutelle
Qui sont povres en succession,
Pour eulx as peine nompareille;
Mais tout vient à ta perdition.
A toy est folle commission.
Plus n'aye envye de telle charge,
Et d'icelle tost te descharge.

lxxix.

Toy qui ton bien vens pour prester
Ton argent à quelque avollé,
Ce sont les moyens de gaster
Ton bien et d'estre tout vollé.
Quant y sera tout avallé,
Lors te trouveras tout espardu,
Comme (ung) homme qui a tout pardu.

lxxx.

Toy, trésorier et recepveur,
Et aussi toy despencier,
Qui tes comptes rendre as peur,
Pour ce que (tu) as mys mainct denier
A ton proffit, que desnier
Bien tu vouldrois, c'estoit possible,
Je croy qui te sera impossible.

lxxxj.

Toy aussi qui te faiz varlet,
Neantmoins souloys estre maistre,
Beaucoup myeulx cela te vaslet :
Maistre est plus beau que varlet estre ;
Cella te faict trop descongnoistre
Et tropt mespriser ta personne ;
Cella nullement bien ne sonne.

lxxxij.

Toy qui d'aultruy reçoys l'argent
Puys en ton affaire le mectz,
Souvent assez mal il t'en prent,
Car [de] le rendre tu obmectz.

Sy ainssy faiz, je te promectz,
Mal t'en viendra, comme je croy,
Car tu viz sans foy ne sans loy.

lxxxiij.

Toy qui te vanter es tant prompt
Faire ce que jamais ne fiz,
Va-t'en ton grant chemin tout rond;
Mes moyens entens et ensuys :
Certain es que, cy les ensuis,
Du nombre ne seras des venteurs,
Car ilz ne sont que tous menteurs.

lxxxiiij.

Toy aussi qui la succession
Attens de ton père, qui est riche,
Et tropt t'y fie sans discretion,
Plus sot n'est d'icy à Lariche[1];
En ce faisant, ton cas en friche
Tu mectz et reduys en ruyne :
Moins tu regneras que la bruine.

lxxxv.

Toy qui par faulte de bon cueur
Les biens laisses à amasser,
Tu ne resembles à Jacques Cueur[2];
Comme luy ne peulx tracasser,
Ny moyen d'enrichir trasser.

---

1. Imp. : la riche. Evidemment l'une des villes du nom de Larisse, qui dans l'antiquité étoient nombreuses dans la Grèce et dans l'Asie.

2. Mort à Chio en novembre 1456. On peut voir, à fin du volume du Panthéon littéraire comprenant les

Cella est faulte de couraige,
Ou c'est de faulte d'estre saige.

lxxxvj.

Toy qui aultruy veulx corriger,
Et aulcun bien ne sçays faire,
Sy ce n'est, pour tout abreger,
Faire des follyes et excez,
Digne n'es de faire yceulx fectz;
Raison pourquoy? Aultruy reprens,
Et de jour en jour tu mesprens.

lxxxvij.

Toy qui nourris [tous] tes servans
Povrement et veulx qui travaillent,
Et que tes diz soyent observans
Et qu'à ce faire point ne faillent,
Jamais d'avecques toy ne saillent
Nulz qui de toy soyent contens;
Tous sont jouens au mal contens[1].

lxxxviij.

Toy qui joyeux te trouve et guay,
Mais toutesfois cella te fasche,
En ce point je ne t'arestray,

---

mémoires de Duclerq et de Saint-Remy, les actes de son procès, publiés pour la première fois par M. Buchon, d'après un manuscrit du marquis de Boisgelin (1838, p. 582-665).

1. Expression qu'on a déjà vue dans les Ténèbres de mariage, t. 1 de ce recueil, p. 22. Elle est à la fois allusive et positive, car il y avoit en réalité un jeu appelé *le mal content*, dont il est parlé dans Rabelais et ailleurs.

Car tant de bien avoir ne tasche;
Puisque de ton bien fays la marche,
Tu es digne d'estre marché[1],
Et faire quelque fol marché.

lxxxix.

Toy, marié, qui as une femme
Qui à toy ne peult accorder,
A vous deux est ung tour infame
De vous voir ainsi discorder.
Bien fairez de vous concorder
Et ensemble vivre d'acord,
Et eviter tout [ce] discord.

xc.

Toy qui es jeune et (qui) tes parens
Tu fuis, de peur qui te reprennent
De tes faultes, en gré ne les prens
Quant en tel cas ilz te supprennent,
Et que de sy près ilz te prènent
Que tu ne puis deceller
Cella que bien vouldroys celler.

xcj.

Toy qui as en ton maistre espoir
Qui te mecte en auctorité,
Qui possible n'a le povoir,
Encore moyns la volunté,
Cy riche est de biens à planté,
S'il veult, en brief t'enrichira;
Mais possible est que riens n'en faira.

---

1. Dupé.

xcij.

Toy qui es chiche d'une maille,
Et n'es pas chiche d'ung escu,
Et, ce faisans, n'as acquis paille
Depuys qu'en ce monde as vescu,
Sy de vertu porte l'escu,
Monstre-toy tousjours raisonnable;
Jamais ne soys desraisonnable.

xciij.

Toy qui ne charche appoinctement,
Mais tu es ung fol opiniastre,
Tous tes procez tu pers souvent,
Tant tu es aveugle et follastre;
Myeulx tu seroys en ung cloistre,
Avec les moynes en convent,
Puis qu'au monde n'as à gré vent.

xciiij.

Toy aussi qui bonne fortune
Ne sçays conduyre quand t'advient,
N'execution n'en faiz aulcune,
Par quoy aulcun bien ne te vient,
Quant de ton faict il me souvient,
Courcé je suys que cy mal est,
Et que bon cueur en toy n'est prest.

xcv.

Toy qui de demain à demain
Attans à faire ton affaire,
Penssant que tu auras à main
Le temps de ce que ne peulx faire,
Par quoy tu ne peulx satisfaire

A ton vouloir et intention
Par default d'execution.

xcvj.

Toy qui a[s] grant auctorité,
Ne pence Fortune durer;
Te soubvienne d'adversité
Quant ainssy te voys prosperer,
Et ne vueille tant esperer
Que en la fin tu soys deceu;
Aultres maintz ont ce tour receu.

xcvij.

Toy qui congnois que tes besongnes
Ce font mal, et n'y remedies,
Mais à d'aultres tu t'en besongnes,
C'est bien raison que tu mendies;
Puys qu'ad ce tu t'ateedyes,
Truand seras, sy en brief ne pence
A ton faict donner ordonnance.

xcviij.

Toy qui faicz despenses et mises,
Pensant que gaigneras ton procès,
Possible pour toutes remises
Que de la parte auras l'assès [1],
Et pour ce ne faictz point d'eccès,
Et te donne garde de parte;
Sagesse te sera exparte.

1. Parte pour *perte*, et assès pour *accès*.

LES MOYENS

XCIX.

Toy qui ton bien assence [1], et terre,
A quelcun qui est maulvais payeur,
A luy te fauldra avoir guerre;
De ce tu en es tout asseur :
Baille-la à quelque homme seur
Qui soyt homme de bon renom,
Car il te faira toute raison.

CENT.

Toy, maistre, qui souffre et endure
Tes serviteurs gaster ton bien,
Aussi ton avoir bien peu dure;
Tant fairas que tu n'auras plus rien :
Il te faut regarder combien
Tu despans, je te le commande,
Sy ne veulx payer chère amende.

Les Estatz respondent à Raison ce que ensuyt:

Dame, sans vous desobeyr,
A vos ditz voulons obeyr :
De nous enrichir est la voye;
Oultre plus, sans [que] nul desvoye,
Noter les voulons et tenir
Veritables, et retenir
Justes et certains comme l'or.
Louenge à Dieu de tel tresor !
Les moyens avons sans flechir
En ce monde nous enrichir

. La vraie orthographe est *accense*, donner à cens, à loyer.

Et merencolye eviter.
Bon Espouoir nous veult inciter
Prendre tous soulas et plaisir
Sans engendrer nul desplaisir,
Esperans, sy la paix avoir
Povons, faulte de nul avoir
N'aurons. Dieu vueille qu'en noz jours
L'avoir puissons sans nul sejours !
Car seul il est qui pour nous pugne
Tousjours bataille et repugne
Encontre de nos ennemys.
Appetons d'estre ces amys,
Cy paix voulons perpetuelle
Et felicité eternelle,
Laquelle nous vueille donner
Et nos faultes nous pardonner.

L'Acteur se complainct d'aulcuns envieulx qui luy ont par envie frustré l'intitulation du present livre:

Quelque aultre traicté on a faict
Sur le present, tout par envye,
Qu'a esté deffendu de faict
Par justice, que y obvie ;
Qui plus on fera, on le convie
Entrer en obscure prison,
Et des livres confiscation,
Avec amende arbitraire :
C'est l'enseigne pour soy retraire.
Du present, à mon avantaige,
Ay obtenu le privilège
Faire imprimer jusque(s) à deux ans

Et vendre à petis et grans,
Et que sur ce n'ayt contrefaictes.
Les deffenses ont esté faictes
De par monsieur le lyeutenant
Morin, qui vault le lyeutenant[1];
Cestuy bien luy a plu me faire.
Graces à luy de ceste affaire.
Dieu vueille qu'il y ayt honneur,
Et que n'y aye deshonneur !

Ce que sera sera.

Imprimé à Paris, le XXIIIe jour de mars l'an mil cinq cens XXIX, avant Pasques [2], *par Jacques Nyverd, imprimeur, pour noble homme Jacques Dadouville, prebstre.*

1. Jean Morin, lieutenant criminel de 1514 à 1529 (Lottin, Catalogue des libraires et imprimeurs de Paris, 1789, p. 19). Il fut plus tard lieutenant civil, de 1544 à 1548. Dans le Babilon, aultrement la confusion de l'esclave Fortuné, par Michel d'Amboise (éd. de Jehan Longis, f° 54, 71, 73), il y a trois épîtres à Messire Jehan Morin, par ung prisonnier. Dans l'une il est indiqué comme lieutenant du roy au Chatelet; dans les deux autres, à la Prévôté.

2. Par conséquent en 1530. Pâques arriva le 17 avril.

Le Courroux de la Mort contre les Angloys, donnant proesse et couraige aux Françoys [1].

Ung jour passé, estant dedans mon lict,
Et j'eu passé du dormir le delict,
Je m'esveillay quasi tout fantastique,
Et je voys voir une vieille qui lit;
Dedens ung livre aux Anglois parle et dit,
Parlementoit comme saige autenticque;
En leur lisant ce libelle, replicque
Plusieurs promesses qui sont entre elle et eulx.
De l'ouyr lire je ne fus ennuyeulx.
Je vous supplie, Françoys, entendez bien
Comme la vieille parloit par bon moyen.

[1]. Cette pièce est un petit in-4 gothique, sans feuillet de titre, et de 34 vers à la page. Comme on le verra, elle est très incorrectement imprimée, et il faudroit trop changer pour essayer de la rétablir, sans espérer y arriver complétement. Elle est sans date; mais une allusion qui sera relevée dans une note permet de l'attribuer au règne de Louis XII, ce qui est encore bien peu précis.

LA MORT.

Je suis la Mort, qui frappe de travers ;
Tout genre humain je fays gesir envers ;
Incontinant que Dieu le me commande,
D'estoc, de taille je frappe et à travers,
Dessus les bons comme sus les parvers.
Cil qui est sage d'ouyr telz motz s'amende,
Car le bon Dieu fera à tous demande
De tout leur faict, soit maulvais ou valable ;
Je porte à Dieu le bien, le mal au dyable.

    Je tiens tout le monde en ma main.
    Je tuerai tout le genre humain,
    Et face tout ce qu'il vouldra ;
    Autre mercy de moy n'aura
    Quant Dieu me donra la venue ;
    Mais en sa main l'a detenue,
    Par quoy je suis du tout oyseuse.
    Une nation venimeuse
    M'avoit promis de faire rage,
    Pourveu que me tinse au rivaige
    De la mer et des environs,
    Que si bien jouroyent d'avirons
    Qui gagneroient la noble France,
    Et tous Françoys en ma balance
    Mettroyent comme dignes de mort.
    S'ilz se mocquent de moy, ont tort,
    Car je les auray au passaige.
    Je ne tiens pas ung homme saige
    Promettre ce qu'il n'est à soy ;
    Fortune est souvent de soy
    Chancelleresse et variable,

Par quoy la chose est veritable
Que personne ne doit promettre
S'il n'est asseur l'avoir et mettre
En la main dont il a promis ;
Par quoy je tiens mes ennemys
Ces paillars godons [1] d'Angleterre,
Qui m'ont fait courir mer et terre,
Nuyt et jour, par chault et froidure ;
Mains nuytz j'ay couché sur la dure,
Pour l'amour d'eulx, en grans travaux ;
Ils vallent pis que les crapaulx
Qui se mussent dedans la terre ;
Ilz ont si grant paour du caterre
Qui ne sçavent où se bouter.
Mais, se puis, leur feray gouster
Du mors frians, dont aux Françoys
Voulloient bailler par ambagoys.
Vers eulx m'en voys toute batante,
Et de godons lairay la tente ;
Cheminant tout droit ce palis,
M'en iray rendre aux fleurs de lis,
A ses gens donray bon conseil,
Comment doivent faire appareil
Pour gaigner tous leurs adversaires ;
Ensuyvir fault nos exemplaires.

La Mort.

Nobles Françoys, dont avez le regnon,
Je vous supplye, aymez tous vostre prince,

[1]. *Gode*, chose vile, *Godon*, gros mangeur. Le mot s'appliquoit particulièrement aux Anglois, et Jeanne d'Arc les traitoit presque toujours ainsi.

Ou vostre fait ne vault pas ung oignon,
Aussi l'ung l'autre de France la province;
Car Dieu m'a dit tout exprès que je vince
Pour le vous dire et le vous anoncer.
Je suis la Mort, qui tue le grant et mince;
Se saiges estes, mon dit ne renoncer.

 Gentilz Françoys, vous souvienne du tiltre
Du bon roy saint Loys, très debonnaire,
Qui de sa bouche jamais on [n']ouyst ystre
Laide parolle ne jurement à vaire[1].
Prenez à luy, je vous prie, exemplaire;
Incontinant vous gaignerez la guerre
Contre le roy coue[2], vostre adversaire,
Gettans ses gens tous estendus par terre.

 De jurer Dieu jamais il n'en vint bien,
Ne plus ne moins du hault nom de Marie,
Ne de ses saintz jurement ne vault rien;
Homme non seur, il chancelle et varie;
Ung grant jureur suyt larrons, pillerie,
Contrefaisant que bien d'autruy est sien;
Loyaulx Francoys, je vous requiers et prie
Des juremens evader le moyen.

 Se vous voulez gaigner les faulx Anglois,
Loups ravissans, pervers et despiteux,
Gardez-vous bien de trespasser mes loys
Que je vous baille; il vous en sera mieulx.
En la bataille tendez vos cueurs ès cieulx,
Et vous souvienne de Jesus vostre maistre;

---

1. Contre la vérité, *in verum*. 2. Couard (?).

Je vous prometz cent mille godons tieulx ;
Ce tant estoient, vous les envoirez paistre.

Loyaulx François, à vous je vous suplie
Que leur monstrés leur folie et rudesse ;
Soyez hardis, face chaleur ou pluye ;
Gri[n]ssez les dens, comme gens de proesse,
Et gardez bien qu'ilz ne facent oppresse
Au noble royaulme françois, vostre pays ;
Qu'ilz n'ayent puissance de mettre en leur presse
Noble couronne et sainctes fleurs de liz.

François de nom, vous sçavez, leurs relicques,
Tant qu'ilz avoient, ilz ont fondues, et cloches,
Pour faire pièces et bombardes autentiques,
Et ont vendu leur sire à faire torches ;
N'a pas esté de mes brochetz et broches
Qu'ilz n'ayent peschées pour avoir de l'argent ;
Plus ne mangussent de chers, poissons ne loches ;
Par avarice ilz mourront meschamment.

Puis qu'ainsi donques sçavez bien seurement
Que avec eulx portent tout pour le feu,
Je vous suplie, portez-vous vaillamment
En leur monstrant estincelle de feu.
Se les tuez, ne seront vivans, mais feu ;
Ainsi aurez leur richesse tant chère,
Artillerie, coulevrines à feu ;
En commun dit, France est leur cymetière.

Quant ne seroit que le bon tiltre et loz
Que vous avez entre vous, gens de France,
Et n'eussiez-vous en vos mains que ung os,
Si devriez-vous attendre ung coup de lance,
Ains que devant tels infaitz en souffrance

Vous vinssent mettre, ou à leurs serfz tenir
J'aymeroys mieulx que couez en leur pense
Eussent cent dyables, s'ilz y povoient tenir.

  Si je veoie qui fussent gens de bien,
Sur eulx donroye quelque bonne sentence;
Mais apparence en eulx je ne voy rien
Sinon de mal. On voit par evidance
Le très puissant redoubté roy de France
Ne leur demande fors amour et simplesse;
Et, tant qu'ilz pevent, à le mettre en souffrance
Leurs engins tendent, dont Dieu les gard d'oppresse.

  Ses faulx houliers m'ont fait beaucop de tort,
Car après eulx m'ont fait courir deux ans,
Me promettant vous mettre tous à mort
Dessus la mer, s'ilz ne povoient aux champs;
Mais je vous jure qui sont si très mechans,
Par povreté ilz se laissent mourir;
Pour beaucop d'eulx ne fault couteaux tranchans
A les tuer : meurent sans coups ferir.

L'ANGLOYS.

  Ma dame Mort, après le long parler
Vous abstiendrés de vos dictons divers;
Il semble advis, à vous ouyr jangler,
Que dignes sommes d'estre mis à revers
Dedans ung feu couchés tout un travers;
Tout vostre dit n'est que nous ravaller.
Si aviez leu des autres lesditz vers,
Pour eulx ne seriez, mais les lairrés aller.

LA MORT.

  Allez, infectz, gloutons, puans, punais,

Godons couez, que jamais ne vous voye !
Devant ma face ne vous trouvés jamais,
Ou grant courroux vous donré, non pas joye ;
Vous avez mis mon cueur en raba-joye,
Et me venez babiller des Françoys ;
Que je les laisse, [ou] tempeste ou desvoye,
Le plus meschant vaut quasi tous Angloys.

L'Angloys.

Escoutez, Dame, se c'est vostre plaisir,
Que je vous die deux motz tant seulement.
Il est bien vray que nous avions desir
En vos mains rendre les François voirement ;
Mais vous voyez que sur eulx nullement
Nous ne povons ne n'osons aprocher,
Dont requerons pardon très humblement,
Dame, envers vous, sans jamais reprocher.

La Mort.

Je vous suplie, ne me blauchissés point ;
De vous congnoistre je suis saoulle et faschée ;
Vostre cautelle ay veu de point en point ;
Dedans un sac je l'ay toute ensachée ;
Ung jour advint que la trouvay laschée,
Toute tirée et mise hors du sac ;
Je demanday qui l'avoit arachée :
C'est ung bon homme dont il est abasac.

La Mort.

Or regardez que c'est, par escripture,
Seulement veoir le fait de gens mauldiz ;
Ung bon simple s'est mis à l'aventure
De lire en lectre où estoit voz beaulx ditz ;

Quant il a vu qu'estoient si interditz,
Tout roide mort il est cheut sus la terre ;
Angloys couez, de Dieu soyez mauldictz,
Quant par voz ditz ung homme a tel caterre [1].

Despitée suis contre les liepars [2],
Felons, tirans, maulditz, loups ravissables :
Car entre eux disent que roys de [t]outes pars
Ilz veulent estre et [ilz] sont assez stables
Voire et abilles d'aller à tous les dyables,
S'autres [3] reigles ilz ne mettent entre eulx.
A les veoir semble qui soient tant piteables ;
Au monde n'est lesars si dangereulx.

Godons couez, crapaulx favorisables,
Allez-vous-en musser, que ne vous voye :
Car vous estez si hydeulx, detestables,
Quant je vous voy, mon cœur n'a point de joye ;
Infaictz, puans, voullez-vous sus Montjoye [4]
Venir ruer sans y avoir droicture ?
Se saige estes, prendrés une autre voye,
Sans y venir ainsi à l'aventure.

Le porc-espic est si fort et terrible [5],
Quant il se fume c'est chose merveilleuse ;

1. Toute cette strophe est évidemment une allusion, qui, si on la découvroit, donneroit la date même de la pièce ; mais elle est très obscure.
2. Allusion aux armes d'Angleterre.
3. Imp. : Ce autres.
4. Montjoye est le nom bien connu du premier héraut d'armes de France.
5. Le porc-épic étoit, comme on sait, l'emblème de

En tous ses faitz est prompt et excersible;
Ses ennemys mect en voie perilleuse,
En mainctz quartiers, en chartre tenebreuse,
Et plusieurs scez qui s'ebatent autour.
Roy des couez, sus toy je suis doubteuse
Qu'aux champs meures, non en palais ne tour.

Trop grant honneur je fais à tes villains
De tant parler d'eulx, et si longuement;
Car rien ne vallent, de villennye sont plains
Plus que bourreaulx, à parler proprement;
En eulx n'y a seureté nullement,
Ne plus ne moins qu'à larrons guettant bois;
Ce sus eulx metz mes deux mains fermement,
Leur feray sentir mon fort pied et pois.

L'Acteur.

Voylà la Mort fort courroussée
Contre les millours [1] d'Angleterre,
Dit que de leur sang fera rousée
Pour colourer mainte herbe et terre;
Mais je dis, moy, que la Mort herre,
Et que leur sang n'est pas vallable,
Sinon pour peindre le grand lherre [2],
Qui est Lucifer et grant dyable.

Je [3] vous supplie à tous François de guerre [4]
Vous souvienir des beaux ditz de la Mort;

Louis XII. Ceci nous prouve que la pièce est de son règne.
   1. *Mylords*, seigneurs.
   2. Veut-il dire *larron*?
   3. L'imprimé a : Il.
   4. *Guères*, un peu.

On a gaigné maint beau pays et terre,
Non pour jurer, car le dicton est ort ;
Gardez-vous-en, ou vous aurez le tort.
Allez-vous-en par autre sente et voye ;
L'honneur de Dieu fault garder pour son port ;
On luy doit faire honneur en toute voye.
Il faut mourir ; Dieu doint que soit à joye !
Servons bien Dieu, c'est tout nostre confort.

La Mort.

Gens mariez, en l'honneur de Jesus
Je vous requiers, et du nom de Marie,
Levez voz cueurs par prières lassus :
Car c'est eaue vive qui jamais ne varie ;
Ce la conscience est chanye ou vesrie
Par boe infaicte qui vient de voz pechez,
Confession au prestre vous charie.
Par ainsi serez de tout mal despechez.

Pareillement, vous aussi, gens d'eglise,
Religieux et gens de tous estatz,
Priez bien Dieu et Marie, sans fainctise,
Que ne vous tue meschamment en ung tas ;
Car si me dit : « Sors de ton galetas,
« Et tous François va tuer et les brise »,
Sans nulle doubte le feray sans reprise,
Rue les par terre et fouldroye tout à bas ;
Et ainsi doncques que tout chascun s'avise.
Selon bon droit vivés en voz estatz.

Finis.

La Prenostication des anciens laboureurs[1].

La grant Prenostication perpetuelle composée par les anciens, à congnoistre quant il sera bonne saison ou cherté de vivres, guerres, ou aussi pestillence.

Prenostication nouvelle
Des anciens laboureurs m'appelle ;
Je fus de Dieu transmise aux vieulx
Qui m'ont approuvé en tous lieux,
Et, comme diray mot à motz,
Les anciens ne sont pas sotz.
Achète-moy quand m'auras veu,
Car tu ne seras point deceu ;
Je te donray une doctrine
Qu'il te vauldra d'or une mine,

---

1. Nous l'imprimons d'après une pièce gothique de 4 ff. in-8 à 33 lignes par page. Bien entendu, nous donnons aussi bien ce qu'elle a de prose que ce qu'elle a de vers. L'annonce des éclipses pour le 11 août 1542 et le 24 janvier 1544 indique qu'elle doit être de 1541.

Et hardyment sur moy te fonde
Car je dure autant que le monde,
Et si te veulx bien advertir
Que je ne te veulx point mentyr.

Il est assavoir qu'il a esté ung homme moult ancien qu'on appelle Heyne de Vré[1], qui estoit bon et loyal. Il devint malade, et fut ravy en esperit, auquel Dieu a manifesté par l'ange Raphaël ces signes ci-après escriptz, que il les deut manifester à tout le monde. Et, quant le corps receut de rechef l'esprit, il delaissa tous honneurs et biens de ce monde (car il avoit grande puissance au pays), et edifia au plus hault, sur une montaigne appelée Gotthart, une belle chapelle et une maisonnette, et là servoit à Dieu, et donnoit aux povres pellerins qui passoyent par là à menger et à boire, et les logeoit pour l'amour de Dieu, affin qu'ilz ne souffrissent point de fain ne soif : car c'est ung fort et aspre chemin bien loing de gens, principalement en yver, quant il y a des neiges. Cecy sçaivent tous ceulx qui sont passez par là. Et demouroit là ainsi sur le hault de la montagne et desert pour gaigner paradis, car il savoit qu'il estoit sur le hault plus près des cieulx. Et sont de ces signes sept.

1. Est-ce *Haine de Vrai*, ou le nom défiguré d'un ermite établi sur le Saint-Gothard ?

Le premier signe. Dimenche.

Item, quant le jour de l'an vient au dymenche, l'yver sera bon, doulx et cler, le printemps venteux, l'esté sera chault et sec, avec tonnoirres et mauvais temps, aussi avec grandes pluyes ; antomne sera bon et plus humide que l'esté. Les moutons et les brebis seront à bon marché, et sera beaucoup de miel ; les anciens mourront, et sera bonne paix, et de toutes choses croissans sera beaucoup et à bon marché.

Le lundy.

Le second signe. En l'an que janvier entre le lundy, l'yver sera commun, avec chaleur et froideur. Les gens seront doulx et begnins les ungz aux autres ; printemps sera meslé ; l'esté venteux, avec beaucoup de tonnoirres ; antomne ne sera pas bon. Les mouches à miel mourront. Il regnera beaucoup et plusieurs maladies entre les gens. Aucuns grans princes et seigneurs d'eglise et seculiers mourront.

Le mardy.

Le troysiesme signe. Quant le premier jour de l'an viendra le mardy, il sera ung yver venteux et obscur, avec grant froideur ; le printemps froid, sec et humide. Les femmes mourront. Les mariniers sur l'eaue auront mauvaise fortune, et aussy aucuns roys et grans seigneurs. Antomne aura ung temps estrange et muable, et se leveront grans noyses et adversitez entre le commun peuple et la seigneurie en aucunes regions ; et seront chers aucuns fruictz.

Le mercredy.

Le iiij^e signe. Quant le jour de l'an vient au mercredy, l'yver sera fort aspre et froit ; printemps sera mauvais ; l'esté bon : les fruitz seront bons et assez competemment. Les jeunes mourront. Antomne sera froit et humide ; et ceste année seront diminuez les biens de la terre, à cause des guerres et noyses d'aucuns princes et seigneurs.

Le jeudy.

Le cinquiesme signe. Quant le premier jour de l'an vient au jeudy, il sera ung hyver bon et venteux ; assez competemment humide, et des nèges ; le printemps venteux et retient sa nature ; esté assez bon, avec chaleur et aucunes grandes pluyes, lesquelles ameneront, en aucunes parties et contrées, grandes eaues ; antomne sera humide et bon. Les biens croistront competemment. En aucuns lieux croistra beaucoup de fruitz. Le vin et forment sera aymé ; et seront guerres en aucunes regions entre les princes, villes et citez.

Le vendredy.

Le sixiesme signe. Quant le premier jour de l'an vient au vendredy, l'yver sera constant en froideur et nèges ; le printemps, de sa nature, sera bon ; l'esté attrempé, et regnera le mal des yeulx entre les gens ; antomne ne sera pas très bon ; cherté et guerres aura entre midy et souleil couchant. Les jeunes mourront.

Le samedy.

Item le septiesme signe et dernier. Quant le premier jour de l'an sera le samedy, l'yver sera nebuleux et obscur, avec froideur attrempé ; le printemps sera assez moderé ; l'esté sera sec et chault, meslé avec humidité.

Antomne sera attrempé et croistra de vin suffisamment. Les anciens et mouches à miel mourront.

Tu dois noter que, selon le temps qu'il fera ces xij jours cy-après escriptz, que ainsi seront enclins les douze moys de l'an.

Comment est entendu et signifié le temps des xij moys de l'an par ces xij jours, en prenant chacun jour pour ung moys :

Le jour de Noël signifie	Janvier.
Le jour de sainct Estienne [1]	Fevrier.
Le jour de saint Jehan [2]	Mars.
Le jour des Innocens [3]	Avril.
Le jour de saint Thomas [4]	May.
Le jour après saint Thomas [5]	Juing.

1. 20 décembre.
2. 27 décembre.
3. 28 décembre.
4. 21 décembre.
5. 22 décembre.

Le jour de saint Sylvestre[1]	Juillet.
Le premier jour de l'an	Aoust.
L'octave de saint Estienne	Septembre.
L'octave de saint Jehan	Octobre.
L'octave des Innocens	Novembre.
La vigile des Roys[2]	Decembre.

De la mortalité, guerre et cherté.

Si le jour saint Pol le convers[3]
Se trouve beau et descouvert,
L'on aura, pour celle raison,
Du bled et du foin à foyson,
Et si, ce jour, faict vent sur terre
Nous signifie d'avoir guerre;
S'il pleut ou neige, sans faillir,
Le cher temps nous doit assaillir;
Si de nyolles, bruynes ou brouillars
Ce jour-[là] la terre est couverte,
Selon le dict de nos vieillars,
Mortalité nous est ouverte.

Du vin.

Prenez garde au jour saint Vincent[4],
Car, si ce jour tu voys et sentz
Que le soleil soit cler et beau,
Nous aurons du vin plus que d'eau.

1. 31 décembre.
2. C'est-à-dire le 5 janvier.
3. 25 janvier.
4. 22 juin.

De la cherté du fourment et biens de la terre.

Pour congnoistre combien vauldra
Le quart du bled, il te fauldra
Tirer ung grain germé de terre
Et puis compte, sans plus t'enquerre,
Combien de racines il aura,
Car autant de soubz il vauldra.

Notez :

Si le jour de Pasques faict pluye,
Le fruit de terre diminue.

Des moyssons.

Du jour saint Medard [1], qu'est en juing,
Le laboureur se donne soing ;
Car les anciens dyent, s'il pleut,
Que trente jours durer il peult,
Et si faict beau, tu es certain
D'avoir abondamment du grain.

Du temps pluvieulx.

Quand en esté les nues vont
De la terre en contremont,
Ou quand la terre n'est mouillée
La matinée de la rousée,
Dy hardiment, selon ta guide,
Que ce jour-là sera humide.

Quand le temps se doit changer.

Quand les poulletz chantent sans cesse

---

1. 8 juin.

Et l'ung l'autre combat et blesse,
Signifie, comme j'entens,
Changement des vents ou de temps.

Pour congnoistre au soleil quel temps il fera.

Item, quand le soleil est rouge au matin, signifie pluye sur le soir; mais quand il est rouge le soir, signifie lendemain beau temps. *Item*, au matin, quand le soleil se lève et quand il y a de longues rayes par les nues qui vont vers la terre, adoncques elles tyrent de l'eaue, et signifie qui ne demourra pas long-temps beau.

Pour congnoistre à la lune quel temps il fera.

Item, quand la lune est bleue, signifie temps pluvieux; et s'elle est rouge, signifie vent; et s'elle est blanche, signifie beau temps.

De la nouvelle lune, quel temps il fera.

Item, si fait beau temps le plus prochain après la nouvelle lune, adonc sera encline à beaux jours. Et s'il est humide et pleut ce jour, la lune sera encline à humidité.

De la blanche gelée.

Item, tant de blanches gelées qui tomberont devant le jour saint Michel[1] et autant de jours après, autant de blanches gelées tomberont devant saint Georges[2] et autant de jours après.

---

1. 29 septembre.
2. 23 avril.

De l'yver.

Item, prenez de la poictrine d'un canard en antomne ou après, et gardez bien : Si elle est partout du long blanche, il signifie que nous aurons ung yver chauld. Et si elle est au commencement rouge, et après blanche, signifie que nous aurons l'yver au commencement. Et si elle est devant et derrière blanche, et au milieu rouge, signifie grant froid au milieu de l'yver. Et si elle est rouge vers le bout derrière, signifie que nous aurons l'yver à la fin.

Du pasturage pour les bestes.

Selon que les anciens ont dit,
Si le soleil se démonstre ou luyst
A la Chandelleule[1], croyez
Que encore ung yver aurez ;
Pourtant gardez bien vostre foin,
Car il vous sera tout besoing.
Par ceste reigle se gouverne
L'ours qui tourne en sa caverne.

Des seignées.

Seigner du jour saint Valentin[2]
Faict le sang nect soir et matin,
Et la seignée du jour devant
Garde des fièvres tout cel an.

1. 2 février.
2. 14 février.

Une aultre reigle des seignées.

Le jour saint[e] Gerdrud[1], bon faict
Soy seigner ung peu au bras droict.
Celluy qui ainsi le fera
Les yeulx clers celle année aura.

Une aultre reigle de la nativité.

Item, les gens lesquelz seront nez sur ces jours et nuytz cy-après nommez, le jour saint Mathias[2], saint Hypolite[3], et le trentiesme jour de janvier; les corps d'iceulx ne seront point consommez jusques au jour du jugement, *nisi*.

Une aultre reigle.

Item, qui seignera le xix, ou le xxiiii, ou le xxv jour de mars, ou le premier jour d'aoust, ou le dernier jour de juillet, ou le premier jour de decembre, soit homme ou beste, il mourra ou aura une grande maladie, et les enfants qu'ilz seront nez sur ces jours dessus dictz mourront de mauvaise mort.

Notez bien:

Si pleut le jour saint Jacque[4], il sera peu de glan. *Item*, si pleut le jour saint Jehan-Baptiste[5], il sera peu de noix.

1. 17 mars.
2. 24 février.
3. 13 août.
4. 25 juillet.
5. 24 juin.

Une aultre reigle pour congnoistre karesme.

Laisse passer la Chandelleuse
Avec neuve lune sans pose,
Et le mardy après en suyvant
Tu trouveras caresme entrant.

De mortalité, guerre, et quant nous aurons bonne saison.

Item, prens tous les ans une pomme de chesne[1], quant ils sont meures, après saint Martin, et l'ouvre, et s'il y a ung petit vers dedens, il signifie abondance de tous biens; et s'il y a une mouchette dedens, il signifie guerres; et s'il y a une yragne dedens, il signifie grande mortalité l'année advenir.

Quant on comptera, après la nativité Nostre Seigneur Jesuchrist, M. cinq cens xlij ans, le onziesme jour d'aoust sera eclipse entière du soleil dedens la nuyt.

L'an M. cinq cens xliiij sera arrière une eclipse entière au soleil le xxiiij jour de janvier, environ ix heures devant midi et xvi minutes[2].

---

1. Noix de galle. Certaine mouche fait sur les jeunes pousses du chêne une piqûre dans laquelle elle dépose un œuf. Il se produit à cet endroit une excroissance dans laquelle l'œuf se développe et l'insecte subit ses diverses métamorphoses. Voilà pourquoi on y trouve d'abord un ver, puis une mouche, puis, lorsque la mouche a pris son vol en perçant la noix de galle, souvent une petite araignée qui s'y est réfugiée.

2. Ces deux éclipses sont en effet indiquées dans la Chronologie des éclipses de *l'Art de vérifier les dates.*

Item, l'an mil cinq cens lxxiij sera D lettre dominicale, et cinq sepmaines et iij jours entre Noël et le dimenche gras, le nombre d'or xvi, et le jour de Nostre-Dame de Chandeleur sera le lundi après le dimenche gras. Et sera nouvelle lune ce mesme jour après midy, à viij heures lij minutes. Et cecy advient en c. ans, et aucuns ans plus, devant ou après, nont plus que une foys au temps.

Cy fine la prenostication des anciens laboureurs, pour congnoistre quant il sera bonne saison ou cherté de vivres, guerres ou pestilences.

Les sept Marchans de Naples[1]. *C'est assavoir : l'Adventurier, le Religieux, l'Escolier, l'Aveugle, le Vilageois, le Marchant et le Bragart.*

L'ADVENTURIER, *premier marchant.*

Tout en ce point qu'on cherche l'adventure,
Me mis aux champs, cheminant à grant erre.
Du fait d'armes je pris le soing et cure,
En poursuyvant le dur exploict de guerre.
Par long chemin vins en estrange terre,
Où j'apperceuz des choses admirables ;
Marchant je fuz, et, sans bailler, grand erre
On me vendit ung dangereux caterre,
Lequel on dit la maladye de Naples.

1. Deux éditions : l'une gothique, probablement de Buffet, vers 1530 ; l'autre en lettres rondes ; toutes deux de 8 ff. in-8. L'édition gothique a été réimprimée en copie figurée par M. A. Veinant, en 1838, pour la collection gothique de Silvestre. — *Marchans* n'a pas ici son sens le plus ordinaire de vendeur, mais, au contraire, celui d'acheteur. Les sept marchands dont on va lire les plaintes sont de pauvres diables qui ont bel et bien payé de leurs deniers pour acheter le mal de Naples.

Entre vous, marchans,
Qui estes marchans,
Partout quant j'advise,
Soyez regardans
Dehors et dedans
Telle marchandise.

En marchandant la marchandise telle,
Bransler faisoye le lict et la courtine,
Et, sans clarté de torche ne chandelles,
On me livra soubdain de la plus fine ;
Par tel marché tout mon bien s'examine
Dont plusieurs fois en mon cueur dis : Helas !
Povre j'en suis, portant hydeuse mine ;
A telz marchans comme moy leur assigne
Deuil et chagrin en lieu de tout soulas.

Plaisir n'ay de rien ;
Privé suis de bien
Et de joye toute ;
Pour tout entretien
Nuyct et jour me tien
La mauldicte goutte.

Souventes fois je regrette et souspire
D'ainsi me veoir povre, meschant, hideux ;
En cheminant je m'en voys à l'empire [1] ;
Banny je suis d'armes et de tous jeux ;
Enrouller aux livres des malheureux

1. Substantif peu commun dont il reste une trace dans le verbe *empirer*.

Me conviendra à la première monstre[1].
Lassé je suis de tous faitz vertueux,
Et regardé, icy et en tous lieux
Comme difforme, espoventable monstre.

Le Religieux.

Marchant je suis contre droict et raison,
Et sans faulte ne m'en est pas de mieulx :
Car on deffend, en tout temps et saison,
Le marchander à tout bon religieux.
Ce nonobstant, de couraige envieulx,
Ung marché fis entre deux beaulx jambons,
Et, comme fol, trenchant de l'amoureux,
Pour un plaisir, alors bien savoureux,
En lieu de roses j'achapté des boutons.

> Je suis empesché,
> Marqué et tasché,
> Et par trop deceu;
> Mais, le tout presché,
> Après le marché,
> J'ay boutons receu.

Trompé je suis, par monsieur sainct Mathieu!
Du juste pris plus qu'oultre la moictié,
Et, sans bailler le bon denier à Dieu,
Contrainct je fuz de tenir le traicté;
Mais, soubz umbre de loyalle amytié,
Marchandise soudain me fust livré.
Par tel marché je me trouvé lyé ;

---

1. *Monstre*, revue. Le mot a été employé dans ce sens jusque dans le XVIIe siècle.

Marchans, voyés la perte et la pitié
Qu'on a souvent en meschante denrée.

    Je suis en dortoir,
    Sans plaisir avoir,
    Criant jour et nuyt;
    A tous faictz sçavoir,
    Comme l'on peult veoir,
    Que tout dueil me suyt.

Pour trois grans blans, forgez à ma grand perte,
De ces boutons j'en eus plus de trois cens,
Et tellement ma face en fut couverte
Que je perdis entendement et sens.
Quant ung est vieil, les aultres sont recens;
Quant ung s'en va, deux se mettent à pris;
Quant l'ung s'en va, l'autre, comme je sens,
Fault arroser, et ne sçauroit-on sans
Avoir force de ce beau verd de gris.

    Les dens m'en jaunissent,
    Mes yeulx s'en rougissent,
    Ma peau s'en destend,
    Mes os s'en pourrissent,
    Membres s'appetissent[1],
    Tout mal s'y estend.

En lieu de crosse ou baston pastoral,
Il me convient porter une quinette;
Dedans le cloistre je trotte bien ou mal,
Et suis tout seul comme une povre beste;
Chagrin me suyt et douleur me fait feste;

---

1. Se rapetissent, se racornissent.

Riens ne me plaist, tout me vient à rebours.
Si volupté à ce vous admoneste,
Considerez, et le notez en teste,
Que telz marchez en ce temps sont trop lourdz.

>Moynes et abbez,
>Qui souvent gabez
>Yver et esté,
>Vous serez trompez,
>Si vous marchandez,
>Comme j'ay esté.

L'Escollier.

J'ay mis mon cueur aultre part qu'à l'estude ;
A marchander me suis voulu soubzmettre ;
La pratique je trouve lourde et rude,
Mais maintenant je ne m'en puis demettre ;
J'ay marchandé à dextre et à senestre,
Dont plusieurs grains ay eu oultre mon pois.
Au champ Gaillard[1] je me suis passé maistre ;
Mais, quant viendra pour la brigue sus mettre,
Pour maistrise je n'auray plus de voix.

1. Il étoit donc de la bande de l'écolier limosin qui disoit à Pantagruel : « Certaines diecules nous invisons les lupanaires de Champ-Gaillard, de Matcon, de cul-de-sac de Bourbon, de Hussieu (ce doit être Hulleu), et en ecstase venereicque inculcons nos veretres ès penitissimes recesses des pudendes de ces meretricules amabilissimes. » Il est fort question du Champ-Gaillard dans les *Grands regrets et complaintes de Mademoiselle du Palais*, pièce gothique que nous donnerons dans un recueil spécial de poésies descriptives et satiriques sur la ville de Paris.

>J'ay mon temps perdu,
>J'ay tout despendu,
>Dont suis douloureux ;
>Pour loyer bien deu,
>Je seray rendu
>Povre et malheureux.

Ung beau grant blanc, qui n'est pas trop grant som-
Fist le marché dont je suis mal content ;   [me,
La plus fine que jamais receust homme
On me bailla sur-le-champ tout comptant ;
J'ay les gouttes qui me tourmentent tant,
Et puis ses grains, qui sont tant fantasticques,
Me font souvent contre gré combatant,
Et desormais je seray esbatant
A commencer ung livre des Ethicques [1].

>Pour si petit pris
>Je me trouve pris
>En dangereux las ;
>Le tout mal aprins,
>Comme bien comprins,
>Me fault dire : Helas !

L'Aveugle.

Combien que soye aveugle de nature,
A marchander je me suis empesché,
Et, pour ung blanc, par ma foy, je vous jure,
Au plus parfont du premier j'ay pesché ;
Trompé me suis, j'en euz très bon marché :

---

1. Jeu de mots sur les *Ethiques* d'Aristote, que l'on étudioit dans les écoles.

Car pour ung blanc je passay ma fortune ;
Au premier mot soubdain me fut lasché,
Et, pour ce pris, j[e] ay des dens masché
Et avallé une maulvaise prune.

  Ceulx qui ont la veue
  La peine ont receue
  Aussi bien que moy.
  Je seray en mue ;
  Il fault que j'en sue[1],
  Et voilà de quoy.

Ung bien j'ay, veu que je n'y voys goutte ;
J'ay bien choisy, car j'ay de la plus fine ;
Oultre marché, on me bailla la goutte
Dans mon genoil, laquelle est en pluvine ;
Ma mouelle prent de jour en jour la mine ;
Mes ossemens en sont povres (et) meschans.
Si vous avez le cueur à la cuysine,
Tous, comme moy, aurez la discipline,
Et à la fin vous en serez marchans.

  Se frappez au trou,
  Regardez bien où,
  Pour le grand dangier ;
  L'homme je tiens foul
  Qui ne se dit saoul
  De tel pain menger.

   LE VILLAGEOIS.

Jerenigay ! il fault suivre la dance
De ces marchans, et marcher de bien près.

---

1. C'étoit surtout par la sueur qu'on traitoit alors ces terribles maladies.

Juré je suis et de leur alliance,
Ainsi qu'orez racompter si après.
Margot estoit mussée dedans les prés,
Faisant semblant de chasser aux mauvis¹;
Tendu avoit son engin tout exprès;
Et moy, voyant faire si grans après,
De son engin je [me] mis vis-à-vis.

  Je fus de la chasse;
  Dedans la crevasse
  Je mis mon furet.
  L'engin l'entrelasse;
  Mon furet se lasse
  De chasser de hait.

Dans cet engin, qui estoit grant et large,
J'ay bien chassé tousjours au lignolet;
Dessus mon front j'en porte mainte targe²;
Là, Dieu mercy, j'ay beau estre varlet
De la feste, car pour ung tabouret,
Tout fin pimpant, aussi fin que migraine,
De ces targes grain³ suis à souhait,
Qui sont paintes de vert de gris bien laict,
Et bordées d'une bien grosse graine.

  Dessoubz mon chappeau
  Ne faict guères beau,
  Tant suis bourjonné.

---

1. Alouettes; il y a de plus un jeu de mots.
2. Targe, c'est proprement un petit bouclier rond. Il signifie ici des taches rondes.
3. Teint de couleur foncée, ou peut-être *garni*.

Margot, Ysabeau,
Plus le pied de veau
Ne sera tourné.

LE MARCHANT.

Marchant je suis, et tel est mon mestier ;
Je voys, je viens, demenant marchandise ;
Je me trouve icy et en tout cartier,
Car de marchans c'est la façon et guise.
J'ay achepté, par ma folle entreprise,
Marchandise aultre qu'espicerie ;
Au Ganivet, dans Lyon, je l'ay prise,
Et dans Huleu, à Paris, sans reprise,
Pour la porter au pays de Surie.

  Je suis atrappé
  Et enveloppé,
 Dont du mal je porte.
  J'ai bien galloppé,
  Mais je fuz happé
 Auprès de la porte.

En aultre lieu ne la puis debiter
Qu'en ce pays, dont je suis bien dollant ;
En ycelluy me convient habiter
Par l'espace d'ung moys ou plus avant,
Et bien taillé d'y retourner souvent,
Mais qu'on aye de moy la chalandise.
Pour la porter j'auray peine et tourment ;
En su[e]ray possible longuement :
Car en pays faict bien chault quand j'advise.

  J'ay mis mon argent
  Par fol entregent

En meschant denrée ;
Je suis indigent,
Povre, negligent ;
Ma bource est vuidée.

Le Bragard.

Et moy, qui suis le patron des bragardz
Et le mirouer des dames de la court,
Gay au marcher et friant au[x] regardz,
Frisque et de hait, habillé sur le court,
Marchant je suis de gorre [1] au temps qui court ;
J'en ay payé sus tous la folle enchère ;
En ce marché je me suis monstré lourd ;
Pour ung carcan bien garny, sur le gourd,
On me bailla soubdain de la plus chière.

Mince de pietaille,
Sans denier ne maille,
Exempt de santé,
Plus sec que muraille,
La basse bataille
M'a tout desgouté.

En mes jambes les gouttes sont enflées,
Qui difforment de tout en tout la grefve [2] ;
Les aulcunes on les nomme enossées,
Dont nuyt et jour par icelles je resve.
Mais pour couvrir la brague, raison briefve,
Des brodequins je porte par dessus,
A celle fin que, s'aulcune s'enliève,

1. Voir la note, t. 1er, p. 289.
2. La jambe.

Ou aultrement, pour bien purger [mon pus],
Tout est couvert, et on n'en parle plus.

    Adieu, tabourins,
    Adieu, musequins,
    Où prenoye plaisance ;
    Adieu, mes affins [1],
    Nepveuz et cousins ;
    Adieu toute dance.

Rondeaulx en forme de complaincte.

En ung grant trou qui bouché fut de plastre,
Pour me cuider en ycelluy esbatre,
Je me suis mis trop avant au bourbier ;
Mais, ignorant le malheureux dangier,
Des grains y pris assez pour fournir quatre ;

Mieulx m'eust valu contre ung lyon combatre
Que m'estre mis en peine pour conbatre ;
J'en ay du mal ; pas ne s'i fault fier
En ung grant trou qui bouché fut de plastre.

J'estoye bien fol et aysé à abbatre,
Bien estourdy, aussy acariastre,
Quant de santé je me fis estrangier
Pour ung plaisir qui passe de legier,
Et me mus[s]er, comme ung meschant folastre,
En ung grant trou qui bouché fut de plastre.

Aultre Rondeau.

Cessez, amours : aux armes je me rendz ;
Vous n'aurez plus de moy la jouyssance ;

---

1. Parents de *affines*.

Cherchez aultre pour maintenir les rancs.

 Rangé je suis au ranc des mal contens,
Et vous prie de toute ma puissance;
Cessez, amours : aux armes je me rendz;
Vous n'aurez plus de moy la jouyssance.

 Je fuys plaisir et pourchasse contendz
Pour leur bailler de mon corps l'accointance,
Car desormais vivray en desplaisance.
A celle fin, sans plus de passe-temps,
Cessez, amours : aux armes je me rendz;
Vous n'aurez plus de moy la jouyssance.

Aultre Rondeau.

 Pour avoir faict un tantinet cela,
Il me convient tenir sus la lictière ;
Dessus mon corps n'a peau qui soyt entière.
Je maulditz celle qui ce mal me cela.

 Je ne puis plus troter ne çà, ne là ;
Trop mieulx suis pris qu'ung rat dans la ratière.
Pour avoir faict un tantinet cela,
Il me convient tenir sus la lictière.

 Du bas mestier me convient dire : Holà!
J'ay oublié la façon et manière;
Devant mes jours je seray mis en bière,
Car dès l'heure tout malheur m'acolla.
Pour avoir faict un tantinet cela,
Il me convient tenir sur la lictière.

Aultre Rondeau.

 Pour ung plaisir mille douleurs,
C'est le refrain de la ballade.

Amans, entendez nos clameurs,
Pour ung plaisir mille douleurs.
Lassez hommes par folz labeurs
Plus ne feront sault ne gambade.
Pour ung plaisir mille douleurs,
C'est le refrain de la ballade.

Ballade.

En pleurs et en larmes,
Je laisse les armes
Et les durs assaulx ;
Pourtant soyez fermes
Entre vous, gensdarmes,
D'eviter telz maulx.

De tous bastons je quicte la plaisance,
Le port d'armes il me fault oublier,
En lieu de picque je porte une potence,
Et tiens le champ au devant d'ung moustier,
En demandant une maille ou denier
Pour aulmosne, au peuple charitable.
Si à cela ne voullez obvier,
Notez cecy, et, pour tout metz dernier,
Comme je suis, vous serez miserable.

Cy finissent les Sept Marchans de Naples.

S'ensuit le Sermon fort joyeux de Saint Raisin [1].

Hoc bibe quot possis,
Si vivere sanus tu vis:
Hec verba scribuntur
In Cathone, ultimo capitulo [2].

En considerant le courage
Du très noble Cathon le sage,
Duquel j'ay allegué le thesme,
Affin que n'ayons tous la rume,
Prenons exemple à Jesuchrist
Du premier miracle qu'il fist :

---

1. 4 ff. goth. de 25 lignes. Au frontispice, le bois de l'écrivain assis à côté de son pupitre, employé par Buffet; au verso du dernier feuillet, une femme tendant la main à un pèlerin agenouillé. Reproduit en fac-simile autographique à 40 exemplaires.

2. Notre poète a donné une légère entorse au distique de Caton :

> Hoc bibe quod possis, si tu vis vivere sanus
> Morbi causa mali minima est quandoque voluptas.

C'est le distique CXX de l'édition : Dyonisii Catonis disticha de moribus ad filium, quibus accedit de auctore t ejus doctrina dissertatio, opera Juliani Travers. Falesiæ, 1837, in-8 de 67 pages.

Sermon de Saint Raisin.

Ce fut qu'il mua l'eaue en vin
Aux nopces de Architriclin [1].
Se l'eaue eust esté aussi bonne,
Boire en eust fait toute personne ;
Mais, pour ce que (le) vin valoit mieulx,
Fist d'eaue vin le très doulx Dieux.
Dont, pour prendre en luy exemplaire,
Se telz vertus n'ont le pouvoir,
Au moins faictes (ce) que povez faire,
Et, se vous avez bon vouloir,
Ne vous mettez à eaue boire
Pour riens ; mais, se voulez me croire,
Beuvez du vin tout du meilleur,
Ainsi que fist Nostre-Seigneur.
Et affin que nous en ayons
A grant planté tant que vivrons,
Prions monseigneur sainct Martin,
A laquelle feste on boict vin [2],
Et à la doulce Vierge honneste,
Qui disnoit lors à ceste feste,
Où son doulx enfant depria
Tant, que l'eaue en vin il mua,
Qu'elle vueille encor prier
Que (le) bon vin nous vueille envoyer
A grant largesse d'habondance
Par tout le royaume de France,

---

1. Presque toujours, à propos de ce miracle, le mot d'*architriclinus*, qui, dans la version latine de l'évangile selon S. Jean (cap. 2), signifie simplement l'amphitryon, été changé en nom propre.
2. La fête de Saint-Martin est le 11 novembre.

Et, affin que plus soit incline,
Nous dirons tous, d'entente fine,
Une fois, *cum corda nostra :*
Vinum facit leticia ;
Hoc bibe [vinum] cum possis,
Si vivere sanus tu vis.

Les parolles [i]cy prosées
Sont escriptes et recitées
Au livre de Cathon le sage,
Et vaillent[1] à nostre langaige :
Bois tant que tu peulx à planté
Se tu veulx vivre en santé.
Cecy n'est pas trop à prouver ;
Chascun se peult bien esprouver
Qu'on ne fera jà bonne chère
Qui n'aura du vin grant rivière.
Et je trouve escript en mon livre,
Que c'est santé que de estre yvre.
Tel conseil est en (mon) Autentique ;
Car il nous monstre par phisique,
Tant en françois comme en latin,
Premierement beuvez matin,
Contre colle, contre frimatz.
Qu'il ne boit bien, il est tant mast ;
Jà il ne fera bonne chère,
Ne compagnie n'aura chère ;
Boire au matin fait clère voix.
Mais ainsi vous devez pourveoir
Que vous mengez telle viande

---

1. Imp. : vaillant.

Que vostre cœur veult et demande.
Se trouver voulez guarison,
Ne faictes mye garnison
D'eaue ferrée ne de tisanne,
Trop [ilz] amegrissent la veue,
Ne de porpier, ne de laictue,
Qui a plusieurs hommes rué [1]
Par menger telz melencolies,
En boyvent ces eaues bouillies.
Ne croyez pas que nous devion
User de drapenidion
Pour guarir le pis [2] et la toux.
Ains [je] fais assavoir à tous
Que tout ce [ne] vault deux oygnons;
Mais testes de veaulx, bons roignons,
Farces, fresseures, dariolles,
Bien nous abateront noz colles.
Or, de ses siroph(e)s laxatifz
Ne dyarondon ablatifz,
Ne d'herbes, ne d'electuaire,
De telz fatras n'ayez que faire :
Car ce ne sont fors que poysons;
Mais d'aillet [3] vert et bons oygnons
Se prendre en voulez ung petit,
Tost vous donra bon appetit;
C'est droicte vivande à malades,
[Et] non pas ces pauvres grenades
Qui sont mal sades et trop aigres,
Et font les gens pasles et maigres.
Se homme est pauvre devenu,

---

1. Il manque un vers.—2. La poitrine.—3. Imp.: taillet.

Double le sel en bœuf menu ;
[Il] le mettra tout en santé,
Mais qu'il boyve vin à planté.
Que vault tisetaine ou eaue d'orge
Au mal des yeulx ou de la gorge ?
Rien ; mais se bon vin ravoye [1] ;
Cueur, poulmon et rate et foye,
Estomach et boyaulx menus,
Pour vin sont en santé tenus.
Et pour ce je puis donc bien dire
Qu'il n'est phisicien ne mire,
A tout leurs boetes panetrées
Ne leurs poches d'herbes enflées,
Qui peult bien secourir la gent,
Combien qu'ils en prennent l'argent.
Ainsi povons apercevoir [2]
Qu'ilz ne font fors gens decevoir,
Et qu'ilz nous font bourdes accroire
Quant ils deffendent vin à boire
Et pour le chault et pour le froit.
Pour eulx e(u)st establi ung droit ;
Soit ung autre pour leurs voisins ?
Quant ilz hebergent ces bons vins
Moult voluntiers par devers eulx
Vrayement ils ne sont pas seulz ;
Car j'en boys voluntiers souvent,
Et si n'en boys pas seullement

1. Guérit, remet dans le bon chemin.
2. L'imprimé donne ainsi ce vers, qui se trouve alors sans rime, comme le suivant :

    Et ainsi nous povons conclure.

Pour once [ne] dragme, mais livre.
Chascun à grant foyson s'enyvre,
Aux ungs beaucoup, aux autres pou,
Quant ils boivent jusques au clou
Aucunes fois, et puis encores;
Mais taire m'en vueil quant à ore;
Bien voyez mon intention;
Pour ce n'en fais plus mention.
Si conclus de ma medecine,
Où n'y a herbe ne racine,
Fors bon vin, qui tous maulx anciens
Guarist, maulgré phisitiens.
Et qui de ce ne [me] veult croire,
Jamais de vin ne puist-il boire;
Mais en eaue se puisse noyer
Qui vouldra le vin regnoyer,
Qui a si grand doulceur et sade
Qu'il n'est personne si malade,
Qui, en beuvant, tant soit petit,
Aucunement par appetit,
Que grant bien ne lui face au cueur.
Prions doncques Nostre-Seigneur
Qui ses apostres abreuva
Et leur dist: Se me voulez croire,
Faictes ainsi que ma memoire,
Qui en son hault trosne de gloire,
Nous meine le père et le filz
Et le benoist Sainct-Esp[e]rit,
Qui est pour nostre redemption,
In secula seculorum. Amen.

Finis.

La Complainte de Nostre-Dame, tenant son chier filz entre ses bras, descendu de la croix[1].

ntendez tous, pecheurs et pecheris !
Comment menez joye, soulas ne ris ?
Car, pour nous tous, a prins mort Jesu-
Et en la croix pendu et escupis. [crist

Entendez-moy, seigneurs, je suis Marie ;
Hé ! lasse moy doulente et marie
Pour mon chier filz, mon soulas et ma vie,
Qui va mourir, et n'a mort desservie.

1. Cette pièce est un in-4 gothique de 4 ff. de 30 lignes par page pleine. Le recto du titre, et, en tête de la complainte, le recto du second feuillet, offrent un bois relatif au sujet. La Vierge, assise et supportant sur ses genoux le Christ mort, est entre la Madeleine et saint Jean agenouillés ; derrière s'élève la croix, sur l'un des bras de laquelle une échelle est appuyée. Le haut est formé par une arcature gothique en anse de panier. Les caractères et l'L initiale font voir que cette pièce a dû être imprimée par Pierre Maréchal et Barnabé Chaussard. Quant à la pièce elle-même, je serois disposé à croire qu'elle n'est qu'un remaniement d'une autre dont tous les quatrains étoient monorimes, et cette forme n'étoit plus

Comme ung larron, de nuyt l'ont assaisy;
De l'estacher à gros liens n'ont failly;
Au grant prestre de la loy l'ont mené;
Ses disciples l'ont tous abandonné.

A Cayphas ne dist à son plaisir;
L'ung de ses gens en eut grant desplaisir;
Ung grant soufflet à mon filz a donné,
Puis de là l'ont à Pylate mené.

Pylate n'a nulle cause trouvé
Par quoy mon filz deust estre reprouvé.
« Fais-le mourir ! » crièrent les Juifz,
Sans que nul tort leur eusse fait mon filz.

Pylate print alors mon chier enfant,
A peine que de dueil mon cueur n'en fend,
Et de gros foitz le fait battre tout nud,
Tant que son sang a presque tout perdu.

Puis, comme roy, l'ont voulu adorer,
Et d'espines tres poignans couronner
D'une couronne d'espines sur son chief;
Jusqu'au cerveau luy faisoyent meschief.

L'ung le battoit, l'autre le buffetoit[1],
L'ung le mocquoit, l'autre le deboutoit;

---

guère en usage au commencement du XVIe siècle. De plus, certains mots sentent aussi une époque bien plus ancienne; ainsi déjà, dans le premier vers, *pecheris* pour forme féminine de *pécheur*, comme *emperière* et *empereis*. Le lecteur en remarquera plusieurs autres.

1. Le souffletoit. C'est le verbe du substantif *buffe*, que nous n'avons conservé que dans *rebuffade*.

De gros crachatz on le vituperoit,
Si qu'à peine nul ne le congnoissoit.

 Helas! helas! Pylate! qu'as-tu fait?
Mon chier enfant ne fit oncques forfait;
Sur luy n'a lieu qui soit sain ne entier,
Tant est battu par devant et derrier.

 Pylate l'eut à Barrabas rendu,
Qu'en ses prisons long-temps avoit tenu;
Mon chier enfant jugea estre pendu,
Sans que jamais ait en rien offendu.

 Felons Juifs, que vous a mon filz fait?
Traistre Judas! tu as mené ce plait;
Tu ne t'en peux escondire du fait,
Car ton Seigneur trahis par ton meffait.

 Com ung larron l'ont en la croix levé;
De vinaigre et fiel l'ont abrevé;
D'une lance son cousté ont ouvert,
Dont sang et eau sortit au descouvert.

 Son corps s'estend plus qu'une corde d'arc;
Son precieux sang s'espand de toute part,
Et les gros cloux luy percent piedz et mains;
A son père prie pour les humains.

 Helas! et quoy pourray-je devenir?
De si grant dueil devroye bien finir;
Quant en la croix voy mon enfant mourir,
Le cueur me part; vueillez-moy secourir.

 Beau fils Jesus, que tu as blesme vis!
Tu soulois estre plus blanc que fleur de lis.

Tu me laisses trop tost, se m'est advis;
Ayez pitié de moy, mon très doulx filz.

Beau fils Jesus, vire-toy devers moy;
Ouvre tes yeulx, regarde devers moy :
Le cueur me part quant parler ne te voy;
Fais-moy mourir; m'en iray avec toy.

« O femme! femme! voy-le cy ton enfant,
« Qui perd son sang par derrière et devant;
« Je te (re)commandz à mon amy Jehan;
« Qu'il te soit garde des ores en avant! »

Helas! de dueil devroit mon cueur partir,
Quand mon servant voy mon filz devenir;
De si grand dueil devroy-je bien mourir.
O mort! prens-moy, ne me fay plus languir!

O vous, seigneurs, qui passez par ces voyes,
Sont vos douleurs telles comme les moyes?
Car au matin l'on m'appeloit Marie,
Et maintenant doulente et esbaye.

Or prions tous, pecheurs et pecheris,
A ce Seigneur, qui en la croix fut mys,
Qu'il nous doint tous à bonne fin venir;
Dictes *amen*, s'il vous vient à plaisir.

Amen.

Glorieuse vierge Marie,
A toy me rens, et si te prie
Qu'il te plaise de moy aider

En tout ce que sera[1] mestier.
Garde mon corps de villennie;
Tiens mon ame en ta ba[i]llie;
Fais-moy tousjours vivre en paix,
Et me deffend du faulx maulvais,
Que ne me fasse chose faire
Qu'à Jesucrist puisse desplaire,
Et te supplie, vierge honnourée,
Que puisse passer la journée
Sans [y] pecher mortellement
[Et] ne mourir maulvaisement,
Et me donne telle repentance,
Vierge, par ta digne puissance,
Que j'aye vraye confession,
Et de mes pechez vray pardon,
Et, quand mon dernier jour sera,
Que l'ame du corps (me) partira,
Vueilles-la en ta garde prendre
Et de l'ennemy la deffendre,
Que ne me fasse villennie,
Je te supplie, vierge Marie;
Mais la presente à ton cher filz
En la gloire du paradis.
Affin que de moy te remembre,
Le doulx salut je te veulx rendre
Que l'ange Gabriel t'apporta
En disant: *Ave Maria.*

1. Imp. : me fera.

*Les Drois nouveaulx etablis
sur les femmes*[1].

Esveillez vous, esperlucatz[2],
Portans brodequins et pentouffles;
Procureurs, jeunes advocatz,
Esveillez ainsi comme escouffles[3];
Venez ceans, trestous par couples,
Et escoutez les nouveaulx droictz,
Car, ains que d'icy me descouples,
Vous diray les nouvelles loix.

Tout premier(ement) nous fault commen-
A ung droit qui est tout par luy, [cer
Qui fait les femmes caqueter;

---

1. In-8 de 8 ff. gothiques de 26 lignes à la page. C'est l'édition qui a été réimprimée dans les Joyeusetez. M. Cigongne en possède une édition gothique de 4 ff. in-8, qui offre cette bizarrerie d'être imprimée à deux colonnes de 33 lignes. On lit à la fin : « Imprimé à Rouen pour Jehan Burges le jeune. » C'est évidemment un poème parisien, puisqu'il y est question des églises des Billettes et de Sainte-Croix et du Champ-Gaillart. — Quant à la donnée, au titre surtout, il est emprunté à la pièce des *Droits nouveaux* de Coquillart.

2. Sans doute la même chose que *perrucats*; cf. t. I, p. 307.

3. Sorte d'épervier.

C'est *de jure naturaly*.
Or n'est homme, tant soit hardy,
Qui n'en soit enfin confondu ;
Or ça doncques, parlons de luy,
Et si venons au residu.

 Une femme, venant de ville,
Qui a demouré longue espace,
Si trouvera bien le stille ;
Si d'aventure on la menasse,
Et que son mary la grimasse
Luy fasse de cueur courroucé,
Vous la verrés, comme une agace [1],
Braire et crier : c'est bien tencé.

 Nonobstant que vienne de veoir
Les Mendiens et faire aumosnes
Aux Billettes [2] et Saincte-Croix [3],
Et à maintes bonnes personnes,
Le bon homme en toutes sommes
Sera par elle rué jus.
Helas ! qu'elle en [a] fait de bonnes !
Je m'en tais, et n'en parle plus.

 Mais, par le droict dessus escript
Que femmes a telle franchise
Que, soit bien fait ou [soit] mal dit,
De riens ne fera qu'à sa guise ;
Il n'y a texte ne glose mise,
Ne Digeste ne Clementines,

1. Pie. Encore très usité dans les campagnes.
2. Le couvent des Carmes dans la rue des Billettes.
3. Sainte-Croix de la Bretonnerie ou Sainte-Croix de la Cité.

SUR LES FEMMES.

Vent de gallerne ne de bise,
Qui les gard d'aller à matines.

Voire mais [vont] aux Jacobins[1],
Qui sont très devotes personnes;
Ils y menguent des bons lopins,
Et pensez qu'ilz en font de bonnes.
Ha! (dea) je ne parle pas des bonnes,
Ne ne vouldroye, par sainct Eloy !
Mais, maulgré leurs marys et hommes,
Sçavent ilz toutes ceste loy.

Elles en ont la possession
Et ont jouy par longue espace,
Tousjours prestes à question.
Le pauvre homme bon prou luy face,
S'il advient qu'il dit ou qu'il face
Chose qui [leur] soit au contraire,
Le dyable sault tantost en place,
Que bien tost vous le fera taire.

Le pauvre homme, sans dire mot,
S'enfuyra en ung autre lé[2],
A l'aventure, ung grant co(u)p
D'un baston sur son dos chargé;
Sa femme l'aura estrangé,
Et si demourra la maistresse.
Je dis, pour [ce] plus abreger,
Que c'est une droicte dyablesse.

C'est une chose qui est terrible
Aux povres hommes mariez;

1. Rue Saint-Jacques. — 2. Coté, de *latus*.

Elle n'est pas trouvée en Bible ;
Es decretz ne ès droictz cotez ;
Sont loix que femmes ont boutez
Sur leurs barons et leurs marys ;
Regardez se les trouverez
En Institute ou *Digestis*.

Ceste loy vient de nature,
Voire par force, (soit) mal ou bien,
Pour leur courage, qui procure
Tenir les hommes en leur lyen,
En disant que trestout le bien
Qu'ilz possèdent en leur maison
Leur vient de bon droict ancien
A cause de leur grant tayon[1].

Les povres qui sont en ce point
Ont bon mestier de patience ;
Ilz ont ung ayguillon qui point
Pire que n'est ung coup de lance ;
Une femme qui tousjours tence
En paradis sera saulvée,
Aussi vray que l'on fait l'alliance
De fèves et porée broyée.

Ceste loy est toute à par elle
En femme qui est rioteuse,
Despite, felonne et rebelle,
Tousjours cour(rous)sée, et non joyeuse,
Femme haultaine, orgueilleuse,
Qui tout veult faire à son plaisir.

1. Grand-oncle.

Le povre homme a tel creuse,
Car il n'a garde de mourir.

Il s'en va et n'ose mot dire,
Et vuide la place et le lieu ;
Il a peur (de) descouvrir son ire
Et prie de cueur et si fait veu
A Nostre-Dame et (à) sainct Mathieu
Que plus n'yra en celle part.
Sa femme dit : « Loué soit Dieu !
« Je suis delivré du vieillart. »

Or est maintenant à son aise
La vieille, qui est tout par elle,
Qui art et brusle comme brèse,
Tant est mauvaise et rebesle.
Il n'est engin, art ne cautelle,
Qui en femme ne soit trouvée,
Et n'y a fille ne pucelle
Qui à ce ne soit destinée.

Changeons propos, il en est temps,
Et si parlons d'autre matière :
Tant en parler ennuye aux gens,
Et d'escouter les fait retraire ;
Mais à tous je vous fais prières
Que le cas d'un povre gallant
Vous retenez en vos memoires,
Ainsi qu'orrez cy en suyvant.

Ce gallois, qui fut esveillé,
A quoy tardoit qu'il n'eust molier[1],

---

1. Femme, de *mulier*.

S'en alla tost prendre au fillé,
Comme les autres à brouiller;
On luy fit (une) fille espouser,
Qui estoit faicte au mestier,
Et, quant vint à despuceller :
« Ha ! » fist-elle, « vous m'affoller ! »

Nostre appliquant se sentit pris
Comme les oyseaux à l'englus.
Et « où me suis-je », dist-il, « mis?
« Par la char bieu ! je n'en vueil plus ».
Et dist en luy et fut conclus
Que d'autres y avoient fait trace,
Et descendit et se mist jus,
Et luy dist : « Dame, prou vous face ! »

Le matin vient, Jenin s'en va;
Dès que l'aube [vient] veult lever;
[Luy] dist la fille : « Et, venez çà;
« Il n'est pas temps de vous lever;
« Mon amy, venez m'accoler[1].
« Vous me semblez tout courroucé. »
— « Laissez-moy, de par Dieu ! lever,
« D'autres que moy y ont foncé. »

— « Et qu'esse-cy? » dist la fumelle
Qui se gisoit dedans son lict;
« Vous estes estrange et rebelle,
« Sire, pour la première nuyt;
« Vous a-l'on meffait ne mesdit?
« Je n'entens point [tous] vos propos. »

1. Imp. : moy accoler.

— « Ha », dist le gueux, « il me souffit,
« Nous sommes deux chiens à ung os. »

— « Dea, mon mary, je n'entens pas,
« A brief dire, vostre propos :
« Vous me parlez de plusieurs cas,
« De chiens, et d'os, et de taster ;
« Je n'y congnois, à brief parler,
« Texte ne glose nullement ;
« En vostre dit, pour abreger,
« Il n'y a poinct de fondement. »

— « Vous l'avez bien fait asseurer
« Et visiter soir et matin,
« Et monter sur le murier,
« Pour veoir plus loing le droit chemin
« S'il venoit prestre ou jacobin
« Pour la façon entretenir ;
« Mais, je vous jure sainct Martin,
« Bien m'en voulsisse repentir .

— « Est-ce de nostre mariage
« Que vous parlez, mon amy doulx ?
« Declairez-moy vostre courage ;
« Estes-vous jà de moy jaloux ? »
— « Nenny », dist-il, « mais j'en suis coux
« Qui vault pis, (que) bon gré en ait Dieu.
« Couchez-vous et prenez repos,
« Je vous laisse en ce lieu. »

Queritur, de droit ou de loy,
Se le gallant la doit laisser
Et en prendre ung autre à l'aissay,
Pour melancolie passer ;

Je dis qu'il se doit apaiser,
Et avaller ce morcelet;
Le mal s'est voulu pourchasser;
Boire le fault, doulx comme laict.

Mais si d'avanture à l'escart
Trouvoit dame ou damoiselle,
Il la peut bien tirer à part,
Et parler ung peu près à elle;
C'est doulce chose que fumel[le],
Quant on la sçait tirer à luy;
Vela que nous dit sans cautelle
Le droit *jure naturali*.

Les femmes ont bien d'autres drois
Que je vous diray plus à plain;
Ce sont toutes nouvelles loix,
Qu'on fait du soir au lendemain;
Femmes n'ont jamais le cueur vain
De caqueter et flajoller.
On les a quant on dit : Tien,
Alio modo reculer.

Si une femme n'a bon bec,
Son fait ne vault pas ung festu;
El fait tant, par *hic* et par *hec*,
Braire et crier comme un testu :
« D'ont viens-tu, meschant? d'ont viens-tu? »
Doit-elle dire à son mary.
« Par Dieu, tu en seras batu
« Avant que tu partes d'icy. »

Ceste loy-cy est ordonnée
De nouveau sur povres coquz,

Et aux femmes abandonnée
Qui font souvent fourbir leurs culz;
Ilz sont des povres trepeluz
Qui souvent sont mis en ce point;
Tout cela vient *ab omnibus*,
Qui l'estat des femmes soustient.

Une question je vous vueil faire
D'ung gallant qui se maria,
Et, pour à son privé se traire,
A une femme se lya,
Qui bien et beau se gouverna
Jusque(s) à ung année et demye,
Que le mary aux champs alla
Pour gaigner à sa marchandise.

Ces deux jeunes gens mariez
Si n'estoient pas des plus fourniz
De mesnage, pour abreger,
Comme de coffres et de litz;
La femme, pour avoir (ses) delitz,
Après le gallant departy,
Joua [tant] du *de profundis*
Qu'elle fist coqu son mary.

Or venons à nostre propos
De ce gallant, qui s'en alla,
(Qui) en toute façon et manière;
A sa femme sy commanda
Et expressément dit luy a
Qu'elle se garde du jeu d'amour;
Il a pris congé, si s'en va;
Mais elle a fait tout le rebours.

Se voyant la femme seullette,
Et pensant du cueur et (du) courage,
Disant en soy : « J'ay grant souffrette
« De vaisselle et d'autre mesnage ;
« Mais je jouray mon personnage,
« Si je puis, tant, que j'en auray,
« Et, maulgré les dens et (le) visage
« De mon mary, le presteray.

« C'est bien ronflé et entendu
« Que j'en jeuné si longuement ;
« J'aymeroys mieulx qu'il fust pendu
« Que j'endurasse le tourment
« Que n'eusse quelque esbatement
« D'un gallant qui est fort habille,
« Lequel j'ayme parfaictement
« Plus que homme qui soit en ville. »

Le lendemain, vecy madame
Qui s'en va tout droit au monstier ;
Helas ! quelle vaillant preude femme
Pour fournir ung couvent entier !
Oncques vous ne veistes courcier
Aller de travers par la rue
Qu'elle faisoit pour soy monstrer
Et que de son amy feust veue.

Vecy le gallant qui la suyt,
Qui art en amours comme flamme ;
Estant d'elle très fort en ruyt,
Luy va dire : « Dieu gard, madame ;
« Vous soyez bien venue, par m'ame,
« Car je vous vueil ne sçay quoy dire. »

— « En vous [motz] me ferez infame ;
« En ma maison venez le dire. »

La dame, estant à l'ostel,
Si vit venir de loing le gueux.
« Vecy », dist-elle, « mon jouvencel,
« Qui mo[n]stre fort estre joyeulx ;
« Je luy veulx donner de noz jeux,
« Avant que luy baille bandon,
« Et, soit hardy ou soit honteulx,
« J'en auray robbe et chapperon. »

Le marchant si entre dedans,
Et vient embrasser ma bourgeoise :
« Dieu vous gard, dame de ceans ;
« Je vous prie qu'il ne vous desplaise,
« Car je suis [si] très à mon aise,
« Et d'amours je suis [tout] transi.
« Séons-nous cy en ceste chaise,
« Car de vous je suis tout ravy. »

La dame si luy respondit,
Pour mieulx jouer son personnage :
[« Puisque vous avez si bien dit]
« Tout votre penser et courage,
« J'ay bon mestier en mon mesnage
« De robbes, chapperons, ustensilles ;
« Prestez m'en, vous aurez bon gage ;
« Et puis nous deux jouons aux quilles. »

Le gallant tire à la bource,
Qui estoit fourny de pecune ;
Du premier traict il vous desbource,
Et luy dist : « Tenez ceste prune ;

« Il ne sera femme nesune
« Es faulx bourgs ne en ceste ville,
« Mieulx ferme, pour femme commune,
« Mais que nous jouons à la quille. »

— « Comment ? Dea, je n'entens pas,
« Se plaisir que vous vouloys faire,
« Que je le face en aucun cas
« A Gaultier, Martin ou à Pierre,
« Je vous vueil d'amours tenir serre,
« Non pas m'abandonner à tous :
« Car vostre amour m'a mis en erre,
« Et de faire mon mary coux. »

Leurs chalumeaulx ils affutèrent
Et firent tant par [tous] leurs stilles
Que l'un sur l'autre ilz tombèrent,
En jouant au beau jeu des quilles;
Oncques varletz ne jeunes filles
Ne dancèrent en ces paroisses,
Si Dieu fust en champs ou en villes,
Comme ces deux faisoient des fesses.

Queritur, (se) le mary revient
Et trouve la maison (bien garnie,
Doit-il demander d'ont ce vient,
Potz, [ou] platz ou orfavrerie[1] ?
Nennil ; mais doit dire : « M'amye,
« Vous soyez la très bien venue ;

---

1. C'est le sujet de la farce de Colin qui loue et despite Dieu en un moment. (*Ancien théâtre françois*, t. 1ᵉʳ, p. 224-49.)

« Long-temps j'ay esté, dont m'ennuye ;
« Accollez-moy, mon assotée. »

Le gallant si n'en doit mot dire,
Ne faire semblant d'en rien veoir,
Et vivre sans couroux ne ire
Avec sa femme en son avoir ;
Il n'est mestier de dire voir
De ce qu'en fait à haulte voix,
Et, si le gallant la vient veoir,
Aller aux champs cueillir des noix.

Ceste loy est forte à tenir
A gens qui ont noble courage,
Mais gens qui sont en pain querir
Et qui n'ont le cueur à l'ouvrage,
Ne leur chault, mais que leur mesnage
Soit fourny et eulx bien repus :
Vela l'estat et le courage
Des povres bannis et coqus.

Deux gallantz furent amoureux
De la maistresse et chamberière,
Et leur sembloit que fort eureux
Seroient, et ne tarderoient guère ;
L'un va devant, l'autre derrière,
Faisans leur mines et requestes,
Et leur sembloient que pour prière
A fin viendroient de leurs questes.

Ilz promettoient dons et joyaulx
Pour parvenir à leurs attentes,
Sainctures, chapperons et anneaulx,

Litz, custodes[1], ciel et tentes[2];
Mais la dame par sa servante
Leur fist respondre simplement :
« Enne, madame est bien dolente
« Que vous luy menez tel tourment. »

Ung des gallans alla dehors,
Celuy qui prioit la maistresse,
Et dit : « Mon (très) cher amy consors,
« Ma dame par amour delaisse;
« Je te requier que tu ne cesses
« De parler pour nous deux tousjours;
« Faitz leur telle prière et tel presse
« Que jouyssions de nos amours. »

L'un de l'autre se departirent,
Et demoura l'un à la queste
De leurs dames, qui bien les virent
Par le treillis d'une fenêtre;
Et mon marchant point si n'arreste
Et va devant, et puis derrière,
Pour parler et faire requeste
A la dame la chambrière.

Et fist [tant] par son beau parler,
Par dons, requestes et promesses,
Qu'ensemble[3] vouldrent assembler
Jambes, andolles, culz et fesses;
La povrette en telle presse

1. Alcôve, rideaux de lits.
2. Rideaux, tentures.
3. Ed. à 2 col. : Qu'en l'emble.

Fut mise que le cueur luy faillit :
Vela de nos loyx les adresses,
Et ce que le chapitre en dit.

Le gallant si fut retourné,
Qui pourchassoit et jour et nuyt,
Et vient, housé et esperonné,
A son compaignon, et luy dit :
« Mon amy, dy-moy, se tu veulx ;
« As-tu point besongné pour moy ? »
— « J'ay dit et mandé par escript ;
« Mais rien n'ay fait, en bonne foy. »

— « Et de l'autre as-tu jouy,
« Ou se tu as eu du reffus ? »
Il respond : « Par ma foy, ouy ;
« J'en jouys, sans vous abuser.
« Mais bien sachez qu'au pourchasser
« De la vostre j'ay despendu
« De l'argent, qui me fist mestier ;
« Je vous prie qu'il me soit rendu. »

D'aucune[s] loix (y) a qui sont bonnes,
Voire par loix toutes nouvelles,
Comme pour gens, simple personne,
Qui ont tousjours femmes rebelles ;
On les doit laisser à par elles
Finer, passer leur ver coquin ;
S'elles vont en monstier ou chapelle,
Ilz reviendront bien le matin.

Femme portant robbe fendue,
Fermant par devant à crochetz,

Elle est bonne à tenir en mue,
Car elle ayme bien les hochetz;
Femme qui porte les pentoufles
Joue voulentiers du bout des rains;
Elle les a fort doulx et soupples
Pour porter ces jeunes poulains.

Femmes qui vont de porche en porche
Pour trouver Gaultier ou Richart,
On les fait après d'une torche
Trotter devant au Champ-Gaillard;
Femme qui fait de la rusée
Et escondit gens tout à plat,
Elle est des premières tombée
L'un sur l'autre *patic patac*[1].

Femmes qui vont dessus le tart
Chez leur père ou leur cousin
Ne demandent qu'un peu appart
On leur baille leur picotin;
Femmes ne veulent que trotter,
Aller aux pardons et escotz,
Et puis après, au retourner,
Faire la beste à deux dos.

Nous mettons fin aux droitz nouveaulx
Establis sur femmes et hommes,
Jeunes gallans et jouvenceaulx,
Bigotz et devotes personnes,

---

1. Dans l'éd. goth. à 2 colonnes, les quatre derniers vers de cette strophe et les quatre premiers de la suivante sont omis.

Encore plus que je ne dy ;
Portans que ne perdons nos sommes,
Le demourant aurez jeudy.

Finis.

*S'ensuyt le Doctrinal des bons Serviteurs
nouvellement imprimé*[1].

*Cy commence le Doctrinal des bons Servi-
teurs, très utile et prouffitable pour jeunes
gens qui vouldront bien avoir.*

erviteurs, qui bons voulez estre,
Regardez ces presentes tables,
Ausquelz sont escriptz dictz nota-
[bles
Que bons servantz doibvent congnoistre.

Serviteurs, servantz en tous lieu
Gens d'église et en tous estatz,

---

1. Pièce goth., de 4 ff. in-8. Sur le premier feuillet, un bois grossier représentant un homme, tête nue, qui parle à un roi, et, au verso de la dernière page, un homme agenouillé devant un roi à robe fleurdelisée. — Une pièce de 168 vers, intitulée *Régime pour tous serviteurs*, et publiée par Mme de Saint-Surin d'après le manuscrit du roi, n° 7398[2], offre avec notre Doctrinal la plus grande analogie. Bien que la nôtre soit en quatrains et l'autre

Honorez-les toujours, non pas
Pour eulx, mais pour l'amour de Dieu.

Servantz, qui servez à l'autel,
A deux mains quand ilz font l'office
Et célèbrent le sacrifice
Du corps de Jesus immortel.

Servantz, se vous servez prelatz
Constituez en dignité,
Supportez en bonne équité
Les subjectz tenus en leurs latz.

Servantz, se vous estes plusieurs
En quelque notable maison,
Obeyr debvez, selon raison,
Tousjours les moindres aux greigneurs.

à rimes plates, elles ont bien des vers qui se retrouvent dans toutes deux, et évidemment l'une ou l'autre n'est qu'un remaniement de celle des deux qui a été écrite la première. Je pencherois pour mettre à ce rang celle du manuscrit, parceque, tout en ayant aussi la comparaison des oreilles de vache, du groin de porc et du dos d'âne, elle s'occupe plus des devoirs du varlet et du page, de la domesticité élevée, et notre Doctrinal plus de ceux de la domesticité servile, ce qui seroit une raison de la croire postérieure. Comme, malgré la ressemblance des idées, leur contexte et leur ordre sont tout différents, il ne peut être ici question de variantes, et nous renverrons, pour le Régime de tous serviteurs, le lecteur au volume de Mme de Saint-Surin, *l'Hôtel de Cluny au moyen âge, suivi des Contenances de table, et autres poésies inédites des XVe et XVIe siècles*, Paris, Techener, 1835, in-8, p. 95-103.

Servantz doibvent aymer leur maistre
De tout leur cueur, non point en fainte;
Luy monstrer obeyssance et crainte;
Si leur faict bien, le recongnoistre.

Servantz doibvent estre honorables,
De leurs corps principallement,
Boire et menger attemprement,
Et soy rendre à tous serviables.

Servantz ne doibvent point jurer
Le nom de Dieu et de ses sainctz;
Mais le doibvent à joinctes mains
De ses biens le remercier.

Servantz, ne servez à la table
En prenant vostre pasture,
Et si de parler n'ayez cure
Parolle, s'elle n'est convenable.

Servantz doibvent estre obeyssantz
De toute leur intention,
Fuyr noyse et contention;
Aultrement ils sont desplaisantz.

Servantz ne doibvent rapporter
Aulcuns raportz à leur seigneur,
S'il ne touche le deshonneur
De ce qu'ils doibvent supporter.

Servantz, quand vous avez servy
Vostre maistre à son appetit,
Repaistre povez ung petit
Après qu'il sera desservy.

Servantz doibvent avoir cecy
En eulx, c'est, que chacun le sache,

DES BONS SERVITEURS.

Tout premier oreilles de vache,
Groing de porc, dos d'asne aussi.

Servantz, le groing de porc aurez,
Qui quiert partout sa pourveance;
Ne mettez point de difference
En cela que vous mengerez.

Servantz, aussi vous fault avoir
Dos d'asnes, qui sont durs et fortz,
Et n'espargnez point vostre corps;
Faictes tousjours votre debvoir.

Servantz, je vous veux adviser
D'aulcuns cas entre seigneurie;
Qui les garde et ne les oublie
S'en faict mieulx aymer et priser.

Servantz, s'on vous faict secretaires,
Celez les choses à celer,
Et ne les vueillez reveller,
Se ce n'est en cas necessaires.

Servantz, se vostre maistre estoit
Jureur et maulgreeur de Dieu,
Pourvoyez-vous en aultre lieu,
Car venir mal vous en pourroit.

Servantz, fuyez mauvais garsons
Qui hantent ces lieux détestables
De cartes, de dez et de tables;
Plusieurs en deviennent larrons.

Servantz, quand verrez le courage
De vostre maistre en felonnie,
Retraignez-le; ne souffrez mie
Qu'il en vienne à aultruy dommage.

Servantz, se vous estes en guerre,
Gardez de piller aucun lieu,
Et surtout l'église de Dieu ;
Point ne vueillez ses biens requerre.

Servantz, il [vous] fault rendre ou pendre,
Ou la mort d'enfer endurer ;
Pour tant ne vueillez procurer
A tort bien d'aultruy, ne les prendre.

Servantz, se vous estes divers,
Mettez la mort devant voz yeulx,
Car vous estes hommes mortueulx :
Le corps n'est que viande à vers.

Servantz, se vous voulez suyvir
Les enseignementz devant mis,
Aymer Dieu, de cueur le servir,
Tous serez en fin ses amys.

Son royaume vous a promis
Aux cieulx et en ce mortel estre :
Ainsi devient le varlet maistre ;
Tous biens mondains vous sont submis.

Servantz, s'aulcun de vous s'applicque
A comprendre quelque mestier,
Art liberal ou mecanique,
Pour le bien temporel gaigner,

Gardez-vous bien de delaisser
Les reigles qui sont en la lettre
Escripte[1] en ce petit papier :
Ainsi devient le varlet maistre.

1. Dans l'imprimé : *Terre* et *escriptes*.

DES BONS SERVITEURS.

Servantz, celluy qui gardera
Et vouldra dedans son cueur mettre
Ces reigles, tous biens il aura
Ainsi devient le varlet maistre.

Finis

*S'ensuyt ung Sermon fort joyeulx pour
l'entrée de table*[1].

Benedicite, Dominus.
Par ma foy, je n'en diray plus,
Se vous n'escoutez tous ensemble;
Escoutez. Le pape vous mande
A entrevous trestous salus,
Et veult que vous soyez absoubz,
Et m'envoye par devers vous,
Affin que je vous dye deux motz,
C'est que (je) vous face bonne chére;
Sans faire noise, ne manière
D[e] avoir nullement discord,
Il a voulu estre d'acord

1. 4 ff. goth. de 19 lignes. Au frontispice, un homme à sa fenêtre regardant une foule assemblée ; au verso, un prêtre dans une chaire et tenant une tête de mort, prêchant à un auditoire assis, la même figure qu'au Sermon de Saint-Velu. Au dernier feuillet, deux bois : au recto, un homme assis devant un roi; au fond, un fou; au verso, un homme parlant à une femme assise derrière la fenêtre de sa boutique. Reproduit en fac-simile lithographique à 40 exemplaires.

Que vous soyez trestous assis,
Et que (vous) soyez tous bien servis
De telle viande qu'on aura.
Tire son cousteau qui vouldra ;
Qui aux nopces va sans cousteau,
Il pert des lopins bon morceau.
Mais non pourtant, il fault venir
Au premier propos, sans faillir.
Je vous ay dit en verité
Au premier : *Benedicite,*
Vous respondistes : *Dominus*
Nos et ea que sumus
[Alors je vous dis] *sumpturi,*
Benedicat dextera Christi ;
In nomine Patris et Filii
Et spiritus sancti.
Entre vous qui estes icy
Se vous respondez tous : *Amen,*
  vous donne, par chascun an,
Trois cent soixante quarantaines,
Non pas de fiebvres quartaines,
Mais de pardons, si vous voulez,
Servis de vostre premier metz.
Mais je croys bien, si je n'y voys,
Qu'il n'y aura personne née
Qu'aporte[1] pour moy d'esculée.
Ne mengez pas, si vous voulez,
Tant de soupe que vous crevez ;
 J'en voys querir ; sçavez-vous quoy?

1. Imp. : Qui aporte.

SERMON

Je n'en aporteray que pour moy ;
Adieu vous dis, car je m'en voys.

Finis.

Graces joyeuses de yssue de table.

Dieu vous gard. Je suis cité ;
J'ai dit le *Benedicite*,
Et je retourne dire Graces ;
Je vous les feray ung peu grasses.
Escoutez trestous : *Agimus*.
En après ? *Benedicamus*,
Pater noster, non anime,
Je suis present [cy] arrivé,
Et je vous diray la raison.
Je viens tout droit d'une maison,
Où j'ay veu, dedans la cuisine,
Ung galant avec la meschine ;
Le galant, qui est gueulx bien fin,
Vous a saisi ung beau connin
Que la meschine si portoit ;
Ce [a] dict qu'il l'embrocheroit ;
Aussi prestement l'embrocha ;
Adonc la meschine hocha
Pour veoir si la chose estoit seure.
Ilz n'y furent pas ung quart d'heure ;
La meschine y print son plaisir,
Car elle avoit parfaict desir
Que son connin fust embroché.
Après qu'elle eust assez hoché

Le gallant s'en voulut aller;
Elle alla lors l'accoller
Fermement, disant : « Mon amy,
« Venez-moy veoir, je vous empry,
« Quant vous pourrez, et bien souvent. »
Moy, voyant le departement,
Je vous diray, comme je dis :
Adieu ; *proficiat vobis*.

Finis.

La Complaincte de Monsieur le Cul contre les inventeurs de Vertugalles[1].

Monsieur le Cul aux lecteurs.

Si inconsiderement vous arrestiez au sens litteral de la presente complaincte, pervertissant le subject d'icelle en autre signification que celle que j'entens, vous me pouvez imputer avoir indifferemment taxé les bonnes et mauvaises, ce que non, et de toutes avoir entendu ce que j'en ay escript, que je ne veulx adresser qu'à aucunes particulières degene-

---

1. Il existe de cette pièce une première édition avec le nom de Guillaume Nyverd, et suivie d'une *Chanson nouvelle faicte et composée d'une jeune dame qui ayme bien mouiller le boudin*. Nous ne l'avons pu rencontrer. Il y en a à la Bibliothèque impériale une édition in-8 de 7 ff., en lettres rondes, sous les signatures A–B (27 lignes à la page). Au bas du feuillet de titre : *Imprimé à Sens par Françoys Girault, demourant à l'enseigne du Bœuf couronné, 1552*. On n'y trouve que la Complaincte sans la chanson. Le même établissement en possède une édition in-8 gothique de 8 ff., sous les sign. A–B, et de 25 lignes par page, sous ce titre : « La Source du gros fessier des nourrisses et la raison pourquoy elles sont si fendues entre les jambes, avec la Complaincte de Mon-

rantes de la condition de leur estre et parenté, qui, comme præparées à se publier en une scène et theâtre, se deguisent tellement par la susception de nouveaulx et impartinens habitz à leurs estatz, qu'elles apparoissent toutes aultres que l'inquisition faicte d'iceluy ne les fait congnoistre, cause de murmure des moindres, censure des moyens et mauvaise oppinion des classicques et hommes mieulx sensez, en quoy la reprehension est notoire, si l'execution d'icelle s'en ensuyvoit. Mais puysque ceulx qui ont authorité pour la correction de tant de depravées inventions et impu-

sieur le Cul contre les inventeurs des portugalles. Imprimé pour Yves Gomont, demeurant à Rouen en la rue de la Chièvre.» Au titre, un bois d'un hérault à cheval, avec, dans le coin, un écu chargé de trois poissons. La première pièce est en prose, et tient trois pages. C'est comme une variante de la branche de Renart : Comment Renart parfist le c.. (t. 3, p. 1re), et du vieux fabliau : Du c.. qui fut fait à la besche (éd. Méon, t. 4, p. 194). Seulement Prometheus y tient la place de Dieu, et Adam ni le diable ne s'y trouvent, mais à leur place Pandora, un des aïeux, au moins de nom, du Pandore mis en scène par le chansonnier moderne. On trouve une autre chanson dans cette éd. de Rouen, qui a été reproduite par le recueil imprimé à 30 ex. dont M. Brunet a donné le détail au mot *Procez et amples examinations sur la vie de Caresme prenant* (t. 3, p. 842). — Le catalogue du duc de la Vallière (n° 3193) indique, à la suite de l'édition de Nyverd, une *Réponse de la Vertugalle au Cul, en forme d'invective*, aussi in-8 et gothique. Il y a encore une pièce sous ce titre : *le Débat et complainte des meunières à l'encontre des vertugales, en forme de dialogues*, Paris, 1556, in-8.

diques entreprises et lascives, les favorisent plustost en la continuation d'icelles qu'en la remonstrance et punition requise et dependente de leurs magistrats et charge commise, soubz laquelle se repose le prince, j'ay pensé convenir à mon debvoir, au reffuz et negligence de tous les aultres sens, mes confreres, qui jusques icy ne se sont plainctz, ores que pour ce l'occasion feust presente et leur plainte vallable, juste et saincte, de mettre en avant la complaincte presente, pour estre un commun mirouer à toutes, aux bonnes pour en bien user, et aux moins saiges pour n'en abuzer, revocantes la nouvelle institution des vestemens superfluz et dissoluz, et, si j'ose dire, luciabelistes, en l'ancienne simplicité, tutrice naturelle de chasteté, continence et pudeur, et soubz laquelle les dames se sont, sans soupson ou doubte de leur prudhommye, longuement entretenues ; et, tant qu'elles ont eu et porté reverence aux meurs et coustumes louables de celles qui les ont precedées et vescu avant elles en toute modestie, sans superfluité ou indecence d'habitz, à leurs noms, conditions et estatz, et jusqu'à ce que la curiosité, nourrice de tout mal et inventrice de dissolution et desordre, les a en telle sorte transporté de raison et eslongné de bonne congnoissance et sain jugement qu'elles se sont transfigurées en hommes, l'une des causes qui provoqua l'ire du Seigneur sus Sodome et Gomorre, et pour laquelle il peult estre aujourd'huy irrité contre nous, selon les punitions que nous en voyons manifestes et evidentes. A ceste cause, pour retourner de pis à mieulx et eviter le scandalle de tous, je les conseille de laisser[1] ses pompes, desordonnez vestemens, passefillons[2], arceletz, deschiqueteures, vertugalles et aultres infinies dissolutions de paremens, leur reduire à la pristine et ancienne observance des dames du temps passé et vivre comme elles, sinon je delibère, pour me venger de leur obstination et pertinacité, ne leur estre plus favorable, ains me fermer et clorre, et, quelques clystaires ou medicines qu'elles puissent prendre à la conservation de leur tainct fardé, les rendre malades jusqu'à la mort.

Fin.

La Complaincte de Monsieur le Cul contre les inventeurs de Vertugales[3].

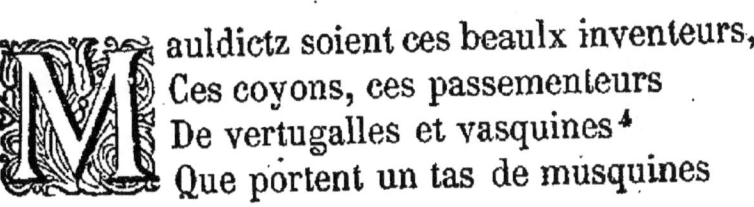auldictz soient ces beaulx inventeurs,
Ces coyons, ces passementeurs
De vertugalles et vasquines[4]
Que portent un tas de musquines

1. Imp. : delaissées.
2. Cf. t. 1er, p. 299-300.
3. Dans l'édition d'Yves Gomont : Ensuyt la Complaincte Monsieur le Cul.
4. C'est aussi la forme employée par Pasquier dans les Ordonnances d'amour : « Se plaignent les gentilshommes des vasquines, vertugales et grans devans que portent aujourd'huy les femmes, nous, pour ce sujet, en avons osté et ostons la coustume, nous rapportans à la mode d'Italie. » (*Var. hist. et litt.*, t. 2, p. 190.)

Pour donner air à leur devant[1],
De telle sorte que le vent
Me donne tant droict en la barbe
Qu'il n'y a casse ny rubarbe
Qui me garde de trucheter
Quand on vient à les crocheter,
Dont j'ay maintz assaultz et alarmes,
Tellement que souvent les larmes
En tombent et me font suer,
A force de m'en remuer.
Voylà la peine que j'en porte :
Que le grand diable les emporte,
Et eulx, et leurs inventions,
Et les abominations
Que ces estrangers nous enseignent,
Dont les playes seigneront et seignent !
De ma part, j'en suis morfondu,
Car le devant, pour ce estandu
Au moyen de ces vertugalles,
M'a causé tant de rongne et galles,
De cirons et boutons de may[2],
Que j'en parle tout enrimé.
Ay-je donc pas bonne raison,
Voyant le feu en la maison
De mon voisin[3], qui me tourmente,
Par force et peine vehemente,
De me plaindre et me courrousser
De me veoir tant de foys verser ?

---

1. Dans l'éd. de Sens, le mot est toujours écrit *davant*.
2. Le printemps met en mouvement les humeurs.
3. Edit. de Gomont : *prochain*.

CONTRE LES VERTUGALLES.

Ung temps fut, avant telz usaiges,
Lorsque les femmes estoient saiges,
Devinez, lecteurs, quant c'estoit,
Que tant on ne me tourmentoit.
Ce fut quand les cottes serrées
Rendoient les femmes asseurées
Des joliz babilz et cacquets
Des plus grandz et petitz nacquetz
D'amour; car quoy? en muguetant,
Pour avoir ce que l'on pretend,
Une heure ou deux on devisoit,
Cependant que l'on avisoit
Le lieu convenable et propice
Pour donner droict en la matrice;
On babilloit soir et matin,
On baisoit avant[1] le tetin,
On mettoit la main soubz la cotte,
On tastoit la cuysse et la motte;
Et cependant que j'escoutoys
Ces beaulx propos, je m'apprestoys
Et donnoys ordre à mon affaire,
Me doubtant qu'on me vouloit faire
Ou à mon voysin un lardon,
D'un pied ou demy de bourdon.
Aussi, quant propos on tenoit,
Quelque homme ou femme survenoit,
Avant que tout fust debattu;
Qui me gardoit d'estre battu;
Ainsi je n'estois point surpris.
Mais, maintenant qu'on a appris

1. Ed. Gomont : On baisoit tâtant le tetin.

Moyen qui de l'aultre s'esgare,
Je suis frappé sans dire gare,
Et le mal tombe sur ma teste
Auparavant que je m'appreste,
Estant tousjours pris en sursault,
D'aultant qu'on leve si très hault
Ses vertugalles promptement
Que l'on veoit tout apertement
La buthe où chascun veult tirer,
Soubz l'espoir de me martirer,
Et n'ay loysir de m'apprester
Qu'on ne commence à culleter,
Par quoy j'endure tant de peine
Que souvent en suys hors d'aleine,
Que l'on diroit estre punaise,
Tant on m'en sent mal à mon aise,
Et ay le cerveau esventé
D'estre en la sorte tourmenté,
Qui bien souvent me rend resvant.
Qu'à tous les diables le devant
Qui faict tant de mal au derrière!
Et n'y a dame ou chambrière
Qui ne (se) vueille s'entremesler
Aulcunes foys de m'esbranler.
Depuys qu'on les a inventées,
On veoit les femmes effrontées,
Et, si elles font renverseure,
On les veoit jusque(s) à la freissure,
Et ne sauroient leur con cacher
Quand quelqu'un les vouldroit fascher.
Lucifer en fut l'inventeur,
Ou Fricasse son serviteur,

Affin de faire traverser
Ceulx qui taschent à les berser,
Celles aussi qui sont bersées
Et par tant de foys renversées
Qu'icy et en aultre cartier
Ils ne cherchent aultre mestier,
Quoy que l'on en die ou barbouille,
Car ce vent d'abas qui chatouille
Leur devant, les faict soubhaiter
Quelque muguet pour les gratter.
Cependant il n'y a que moy
Qui en ait soucy ou esmoy,
Et me fault le travail choisir
Pour donner à l'aultre plaisir.
Sur cella qu'en voullez-vous dire?
Y a-il matière de rire
De veoir ma cause ainsi foullée?
Car cloche n'est tant esbranlée,
Sonnast-on pour un trespassé,
Que je suy, qui m'en sens lassé;
Et si n'ay trou, sens ne mougnon
Qui ne serve à mon compaignon.
Quand mon compaignon rit et dance,
J'observe après luy la cadence;
Car les dames aux tallons courtz[1]
Peuvent bien peu sans mon secours,
Et n'y a point de friandise,

---

[1]. Expression très usitée dans les facéties de ce temps. Il existe encore, au bas de la rue Saint-Denis, une rue du Court-Talon, qui tenoit au Huleu, et qui étoit une rue de filles.

Sans mon aide, à la marchandise.
Qu'il soit ainsi, je m'en raporte
Aux amys de la basse porte,
Et comment ils sont angouesseux [1]
Quand ils me sentent paresseux ;
Et au contraire quand je trotte,
Il n'y a femme, tant soit sotte
Et mal apprise au jeu du bas,
Qui ne donne joye et esbas,
Aussi sans moy il ne peult rien,
Car c'est moy qui luy faict ce bien
De luy monstrer son remument,
A qui, pour quoy, où et comment
Il doibt trotter, mouvoir, saillir,
Quand quelqu'un le vient assaillir,
Et comme il fault faire l'estraicte.
Or voyez comment on me traicte
Pour à tel bien et faict repondre ;
On me fait tous les jours morfondre :
Au moyen des habitz recentz,
Dont je jure par mes cinq sens [2]
Qu'elles mueront, ou je mueray,
Et jamais ne me remueray
En depit de tous leurs babilz
S'elles ne changent leurs habitz.

1. Ed. de 1552 : engouisseux.
2. Il se souvient qu'il est le maître de tous, comme dans l'apologue de Menenius et dans la Farce nouvelle des cinq sens de l'homme (*Ancien théâtre françois*, t. 3, p. 300).
3. Ed. de 1552 : muront, muray.

Mais je m'enquerroys volontiers
S'elles treuvent en leurs psaultiers
Que telz habitz autour cordez[1]
Leur soient selon Dieu concedez,
Desquelz leur devant est coiffé.
J'ay grand peur d'en estre chauffé,
Après que j'auray bien souffert,
Au meillieu et profond d'enfer.
Ce n'est pas tout ; si un misserre [2]
Faict la court, soubdain je me serre
De frayeur que tel bravousin
Ne me prenne pour mon voysin ;
Car ces vertugalles ouvertes
Rendent les fesses descouvertes,
Et moy aussi le plus souvent
Aussi soubdain que le devant,
Qui faict qu'à terre je me veaultre,
Ayant peur de l'un et de l'aultre.
Par tant je les veulx adviser,
Sans plus longuement deviser,
A leurs habitz qu'ilz donnent ordre
Tant qu'on n'y treuve plus que mordre,
Ou contre elles me fascheray,
Et de mon vent leur lascheray
Si très punays et si très ord
Qu'il n'y restra plus que la mort,
Et, s'il advient que quelque amy
Me treuve au combat endormy

1. On sait que les vertugalles sont la première forme des paniers.
2. Un messer, un Italien, au moins de goûts.

En sa grande necessité,
Dye que je suys irrité
Pour ces habillements nouveaulx
Qu'ont inventé ces jeunes veaulx.

Chanson pour la responce et consolation des dames, qui se chante sur le chant de : Ce premier jour d'apvril courtoys[1].

Ce sont les busques de nouveau,
Maintenant comment on les porte.
Le verd me semble le plus beau ;
Ma commère, je m'en rapporte ;
Si fault-il faire d'aultre sorte ;
Ma robe ne me plaist ainsi ;
Servente, que l'on m'en recorde ;
Ma voysine le faict ainsi.

La vertugalle nous aurons
Maulgré eulx et leur faulse envie,
Et le busque au sein porterons ;
N'esse pas usance jolye,
Le tymbre à la chausse jolye
L'escarpin fait de bon esprit ?
Et me dictes, je vous supplye,
Vous semble-t-il que n'ay bien dict

---

1. Cette chanson ne se trouve que dans l'édition d'Yves Gomont.

CONTRE LES VERTUGALLES.

Maulgré envie, nous aurons
Nos robbes faictes à la busque,
Et les vasquines porterons
En despit de la beste brutte.
Pense-t-il pour luy qu'on nous fust [1] ?
Est-il sorti hors de son sens ?
Pour ung qui sera de sa luste [2],
Nous en aurons plus de cinq cens.

Et si ne fault pas oublier
L'habit pour nous le plus propice,
Le hault de chausses ; pour parler,
Braguette n'y fault, quoy qu'on dice ;
Non obstant qu'on dict que c'est vice,
Je trouve leur parler abbus ;
Le cheval qui court cerf ou biche
Souvent tombe qui est dessus.

Pour le reste de nos habitz
Faisons à la mode nouvelle ;
De rouge je suis bien d'advis,
La couleur me semble fort belle ;
En pensant aussi à part elle
Si lui est survenu, affin
De n'oublier, la mode est telle,
La boucle fermant l'escarpin.

Finis.

1. *Fuster*, fustiger ; de *fustis*.
2. De son avis. *Lust*, qui, en anglois, signifie maintenant *débauche*, a eu le sens de *goût*, *avis*. Peut-être *qui sera de sa fluste*, qui chantera la même chanson que lui.

La prinse de Pavie par Monsieur d'Anguien, accompaigné du duc d'Urbin et plusieurs capitaines envoyez par le Pape[1].

Le mercredy xxviii jour de may de ceste presente année mil D xliiii, le jour sainct Germain dernier passé, fut prins la ville et cité de Pavie, en la duché de Millan, par monseigneur d'Anguien, ayant la charge du roy nostre sire comme son lieutenant-

1. Cette pièce gothique, que nous avons copiée sur l'exemplaire appartenant à M. Cigongne, est un in–8 de 4 feuillets de 25 lignes à la page; le frontispice porte les armes de France. Seulement il y a cette remarque à faire sur son titre et sur son sujet, qu'il s'y trouve une erreur dont il est difficile de rendre raison. En effet, Pavie, sous les murs de laquelle François Ier avoit été fait prisonnier en 1525, à bien été prise en 1528 par les François, mais ne le fut pas en 1544. Cependant l'année de la pièce est certainement 1544. En effet, c'étoit Lautrec qui commandoit en 1528, et, en 1544, François de Bourbon, duc d'Enghien, fils du duc de Vendôme et frère d'Antoine de Bourbon, depuis roi de Navarre, fut, malgré sa jeunesse, choisi par le roi pour son lieutenant général en Piémont, à la place de M. de Boutières, auquel on re-

general delà les mons. Et fut prins ladicte ville en la manière que s'ensuyt :

Ledict seigneur, arrivé devant la ville et chasteau de ladicte ville de Pavie avecques sa noble, bellicqueuse et triumphante compaignie, mist son camp et armée en telle disposition et ordonnance qu'il appartenoit, feist dresser et diriger son artillerie vers ladicte ville et chasteau, et la feist batre à grant force et perseverance jusques à ce que plusieurs bresches et passages firent en suffisance pour y entrer. Puis fut donné de notre

---

prochoit[1] d'avoir, à la fin de l'année précédente, laissé reprendre la ville de Carignan par le marquis de Guast, qui commandoit les Espagnols. En même temps les capitaines nommés dans la pièce sont tous cités par Martin du Bellay (Mich. et Pouj., 1re série, V, 525, 530, 531, 535) et par Blaise de Montluc (*Ibidem*, VII, 65, 67) comme s'étant alors trouvés à la bataille de Cerisoles : M. de Boutières, rappelé de sa maison en Dauphiné, où il s'étoit retiré après son remplacement, y commandoit cinquante hommes d'armes[2] ; M. de Tais y avoit sous ses ordres, comme colonel, quatre mille hommes de pied des vieilles bandes françoises ; M. de Termes, en qualité de colonel de la cavalerie légère, y étoit avec les deux cents chevau-légers dont il avoit la garde, et il y fut fait prisonnier par suite de la mort de son cheval. Ainsi la pièce ne peut être un remaniement d'une autre de 1528. Mais ce nom de Pavie reste toujours incompréhensible, car la campagne ne se passa nullement de ce côté, mais au dessous de Turin, dans le Montferrat et le marqui-

---

1. Cf. Montaigne, Essais, livre II, chap. 4.
2. Sur lui cf. Brantôme, éd. du Panthéon, I, 288-90.

part ung merveilleux et terrible assaut, et y fut commis monseigneur de Bouttière, de Tais, de Termes, et plusieurs aultres, avecques eulx dix à douze miles hommes pour faire la poincte et entrée à ladicte ville, lequel assault fut sy impetueux d'une part et d'aultre, que proprement on ne sçavoit à qui donner le meilleur; mais Dieu, nous regardant de l'œil de sa doulce misericorde, en ung instant donna sy bon courage à noz gens que avons eu victoire triomphante et possession de ladicte ville et chasteau de Pavie, quelque repulsion que ayent faicte noz inveterez ennemys. Auquel assault et conflict sont mors de noz enne-

sat de Saluces, et les deux affaires remarquables furent d'abord la victoire de Cérisoles (10 avril 1544) et la reprise de Carignan. Ce n'est pas non plus à elle que se rapporte notre pièce, si l'on s'en tient à la date énoncée du 28 mai, jour de Saint-Germain, puisque Carignan ne se rendit qu'à la fin de juin. S'agit-il de la prise d'une petite bourgade dont le nom, analogue à celui de Pavie, a été pris en France pour celui de Pavie par l'ignorance du nouvelliste? On ne trouve dans Du Bellay et dans Montluc aucun nom qui ait pu donner lieu à cette confusion, et la carte de la province de Carignan, dans la belle *Chorographia d'Italia* d'Orlandini, ne donne rien de plus près qu'un village appelé *Pieve*, qui ne pourroit être accepté comme une explication. Nous ajouterons que le pape étoit alors Clément VII, et le duc d'Urbin Guidobaldo II de la Rovère, 5e duc d'Urbin depuis le 25 octobre 1538 jusqu'au 28 septembre 1574; mais il alloit peu à la guerre, et ne devoit pas être en personne auprès du duc d'Enghien. Cf. *Memoirs of the dukes of Urbino*, by James Dennistoun, London, 1851, in-8, tome 3.

mys environ de sept à huyt mille, et bien peu des nostres, et devez sçavoir qu'à la prinse de ladicte ville a esté prins force prisonniers, dont noz gens ont eu bonnes ranssons.

Item, après ceste joyeuse et bellicqueuse victoire est party l'exercite du roy de ladicte ville de Pavie, pour tirer vers une petite ville qui est près de là. Bon faisoit veoir la belle ordonnance, les bannières et estandars voller par les champs; bon faisoit ouyr les phifres et tabourins, et aultres instrumens delectables en tel estat; et faisoit bon veoir marcher la gendarmerie; chevaulx legiers faisoient plusieurs courses sur noz inveterez et infeaulx ennemys. Ensemble faisoit bon veoir les adventuriers et Ytaliens marcher en bataille. Brief, c'estoit une triumphante chose à voyr.

Item, mondict seigneur d'Anguien marchoit après, accompaigné de monsieur le duc d'Hurbin et autres honnestes personnes dont on ne scet les noms; tous ensemble marchoient quant et le camp en bonne ordre, et estoient en avant gens officiers sus champs pour tousjours faire delivrer et amener vivres au camp. Et faict bonne chaire nostredict seigneur monsieur d'Anguien : Dieu par sa grace luy vueille maintenir.

Fin

Ballade faicte à la faveur du roy nostre sire pour anymer les bons capitaines et gens de guerre pour obtenir victoire contre noz ennemys.

Roy triumphant, Françoys chevaleureux,
Chief des Françoys, secours des val-
[lereux,
Auquel est deu le tribut de proesse,
Soursse des bons, confort des douloureux,
Relievement des povres malheureux,
Qui par mains lieux indigence trop blesse,
C'est à ce coup qu'il fault vostre noblesse
Prudentement escripre, et mettre en coche
Tous voz souldars par la region espasse (*sic*),
Ains que cueur lasche aulcuns des voz abesse ;
Marchez, marchez, vous en aurez la force.

    Pour amollir les felons orgueilleux
Tyrannisans voz terres et voz lieux,
Et pour oster voz subjectz de rudesse,
Passer vous fault (des) lieux fort inconcilleux,
Que l'on vous dit estre fors perilleux ;
En le faisant croystra vostre haultesse
Si dignement qu'on dira : Quel chose esse
Qui aux Artoys maintenant faict approche ?
Lors tous diront : Par franchise n'adresse,
Puisque raison à ce faire vous dresse,
Marchez, marchez, vous en aurés la force.

Gectez aux champs voz guidons somptueux,
Voz gonfanons, vos mygnons vertueux,
Prince puissant, tant remplys de sagesse,
Par bon conseil vous serez fructueux,
Adnichillant cueur impétueux
De l'empereur, vostre partie-adverse;
Faictes tomber Bourguygnons à l'enverse,
Car le dieu Mars règne sur eulx efforce,
Et Saturnus cruel breuvage verse;
Quoy que l'emprise en soit un peu diverse,
Marchez, marchez, vous en aurez la force.

Envoy.

Prince royal, puisque Venus on laisse
Pour le dieu Mars, que vous mettez en cesse,
Gardez le bien qu'autre part ne s'accroche;
Mais tant qu'il est soubz vostre main en presse,
Dictes à tous, de voulenté expresse :
Marchez, marchez, vous en aurez la force.

Marchez avant, roy qui portez le sceptre
De tous François, sans doubter le byseptre
Du grand dieu Mars que tenez sous voz mains;
Faictes trembler Bourguignons inhumains;
Victo[i]re gist dessoubz vostre main dextre.

Laissez Venus crouppir à la fenestre,
Et, pour voz yeulx d'autre gibier repaistre,
Puis qu'à tant vient que par montz que par plains
Marchez avant, etc. *Les troys premières lignes.*

Toute Bourgoigne estimez à riens estre ;
Mieulx leur vauldroit qu'ils feussent à renaistre,
Et leurs souldars dedans la mer estains,
Que d'entreprendre ainsi de cueurs haultains,
Sur vostre honneur par bourgs, ville et champestre.
Marchez avant, etc. *Les v premières lignes.*

Fin.

La Boutique des usuriers, avec le recouvrement et abondance des vins, composé par M. Claude Mermet, notaire ducal de Sainct-Rambert, en Savoye[1].

A Lyon, imprimé par Jean Pichard.
1574. In-8.

Complainte de l'auteur, ayant demeuré cinq jours à Lyon pour faire imprimer cecy, sur ce que le dict Lyon a avallé tout son argent en un petit morceau, dressée à un gentilhomme de Savoye.

Monsieur, si j'ay ouzé prendre l'audace
Vous advertir comme tout mon cas passe,
Ç'a esté pour humblement vous induyre
Me conseiller comme j'en doibs conduire.
Premièrement, le jour de samedy
En ce Lyon j'arrivis à midy,

1. Malgré l'appellation de Savoye, qui ne trompoit personne alors, mais qui tromperoit aujourd'hui, Claude

Et m'en allys, pour bien mon cas comprendre,
Droict au logis de sainct Claude descendre,
Où mon cheval cinq jours m'a attendu,
Et chaque jour dix sols m'a despendu,
Et de ce pas, pour moins frayer, exprès
M'allis loger en un lieu tout auprès,
En m'acostant là d'une tavernière
Qui m'a traitté d'assez bonne manière.
Mais, quoy que soit, pour la cherté des vivres,
J'ay despendu en ce logis trois livres,
Dont mon argent a eu telle secousse,
Qu'ay, maugré moy, veu le fond de ma bource.
Or je ne sçay si je doibs entreprendre
Soudainement mon joly cheval vendre :
Si je le vends, quel pris que l'on m'en donne,
Sans lance, à pied, m'en iray en personne ;
Si ne le vends, du despit qu'il aura,
Quand le deffault de mon argent sçaura,

Mermet est bel et bien François ; Sainct-Rambert est à six lieues et demie de Belley (Ain), alors dans le pays de Valromey, en Bresse. L'on peut voir sur lui Du Verdier, éd. Rigoley de Juvigny, III, 352, et Goujet, Bibliothèque françoise, VII, 393, et XII, 359. L'on connoît surtout de lui *Le Temps passé*, dont les deux éditions, de 1585 et de 1601, sont rares ; Du Verdier en indique un autre recueil comme imprimé à Lyon, chez Léonard Odet, en 1583, où l'on trouve l'indication des titres de quelques unes des pièces qui figurent dans *Le Temps passé*, et aussi l'indication de quelques autres, parmi lesquelles Du Verdier catalogue *la Boutique des usuriers*, qui doit être notre pièce. Mais nous n'avons pas été plus heureux que ceux qui nous ont précédé, et nous n'avons pas retrouvé ce recueil de 1583.

Pour l'amitié qu'il me porte notoire
Je doubte qu'il me mette en assessoire[1];
Car je sçay bien qu'il en enragera,
De sorte que tout vif se mangera.
Dites-moy donc, sans plus me faire attendre,
Par lequel bout je doyve mon cas prendre.

Au Lecteur.

Me persuadant que tu prendras volontiers le loysir, aux heures de ta commodité, entendre et sçavoir comme toutes manières de gens se gouvernent, et les moyens par lesquels plusieurs deviennent riches en peu d'années et les autres pauvres en peu de jours, j'ay esté d'advis te communiquer un petit discours, en deux parties, dont la première traitte de la cherté des blez, et l'autre de la cherté des vins qu'avons soufferte les années prochainement passées, n'estant aultre, quant au blé, que l'excessive avarice et cupidité de gain deshonneste de plusieurs lourdautz, pecunieux, sans raison, vertu, science ny conscience; lesquels, après s'estre enrichis au detriment et perte de plusieurs soubmis en leurs fillèz par prest d'argent et usures

---

[1]. L'officier de robe longue qui, dans un présidial ou un bailliage, étoit adjoint au juge principal pour juger conjointement avec lui et présider en son absence, se nommoit assesseur. Cotgrave nomme son office assessoriat.

couvertes, ont descouvert un secret, tel qu'ayans leurs bources bien fournyes, ont achepté chacun particulièrement parmy les grenettes et marchez, au temps d'après moyssons, une très grande quantité de blé (oultre les provisions de leurs mesnages), lequel ils ont secrètement resserré dans leurs greniers, sans qu'aucun en prit soupçon ; tondans en ce l'herbe soubs les piedz des pauvres artizans qui n'ont que du jour la journée. Mais, n'ayant place aux marchez que pour les gros, qui sont tousjours preferez aux petits en toutes choses, les pauvres gens ont esté contraincts attendre que le prix du blé se rabaissast ; cependant leurs bources se sont vuydées et le blé fort enchery, tellement qu'ils n'ont point peu avoir des grains sinon à la misericorde de ces escumeurs de grenettes, lesquels, par ce moyen, ont beu le sang des pauvres, les faisans travailler pour un rien, leur vendans le blé ce qu'ils ont voulu, estant encores de ce faire requis à belles mains joinctes, dont s'est ensuyvie une fort extrême famine, avec le trespas de plusieurs pauvres par faulte d'estre secouruz du blé detenu et resserré par ceux qui tousjours attendoyent la cherté d'iceluy pour le mieux vendre. Je ne m'esbay donc pas si telle manière de marchans se font tantost riches, pour ce que c'est une marchandise de laquelle fault avoir, quoy qu'elle coste ; pour à quoy remedier, j'espère que les gouverneurs et magistrats des provinces y mettront tel ordre, que, avec l'aide de Dieu, entrerons en aussi bonnes et fertilles années que noz predecesseurs les ont jadis passées, au temps que chacun s'accordoit et rangeoit à l'obeissance de ses supérieurs, comme Dieu le commande. Tu pourras donc voir cy-après, si tel est ton plaisir, la Boutique des usuriers et l'abuz qui s'en peult suyvre, selon la notice que j'en peux avoir, n'ayant entrepris en escrire pour autre fin que pour supplier un chacun d'avoir en horreur et detestation la marchandise de la dicte boutique, te requerant, si j'ay obmis quelque chose ou qu'il se treuve faulte en mes escrits, pardonner à la basse capacité de mon petit esprit, lequel ne feroit auculne faulte, s'il avoit si bien la puissance que la volonté, te présenter choses si plaisantes et bien faictes qu'il n'y auroit rien à redire.

Songe auquel Avarice se presente à un lordaut, paresseux, sans mestier, n'ayant moyen de gaigner aucune chose de son industrie, et luy monstre les chemins par où faut passer pour estre tantot riche.

Faulce Avarice une fois abuser
Cherchoit quelqu'un, le voulant abuser
Aux biens mondains, pour luy donnner plai-
S'en alla droict regarder et choysir [sir,
Un maistre fol, qui dormoit sur sa couche,
Et puis luy dict en parolle farouche :
« Reveille-toy, n'est-ce pas trop dormy ?
Si maintenant fust venu l'ennemy
Si tost que moy, il t'eust bien peu tuer ;
Je te veux donc un peu esvertuer ;

Si tu me crois, voulant suyvre ma trace
Je te feray le premier de ta race.
 Çà, pense un peu comme pourras venir
En grand honneur et grandz bien parvenir :
Laisses moy là un tas de jeunes veaux
Qui à vertu amusent leurs cerveaux,
En aprenant sçavoir de saincte lettre,
Leurs jeunes ans et leurs biens veulent mettre ;
Puis à la fin cognoissans la vertu,
Rend chacun d'eux pauvre et devestu,
D'or et d'argent luy prohibant l'usage,
Pour avoir bruict d'un philosophe ou sage,
Et, nonobstant leur grand philosophie,
Par force aux dents souvant font l'alquemie[1].
Je te veux donc apprendre une leçon
Comme pourras cueillir telle moysson,
Qu'avant que soit quatorze ans, il me semble
Que tu verras tant de richesse ensemble
Que tu n'auras de compter [le] loysir
Tes grands tresors, et ne prendras plaisir
Qu'à mespriser autruy par vaine gloire,
Faire grand chère et du meilleur vin boire.
Premièrement te faut considerer,

---

1. Maistre Aliborum (I, 39) faisoit la même chose :

> Mais moy sans feu aux dentz faiz l'arquemie.

La ballade des Escoutans, dans *les Repeues franches*, offre le même détail :

> Mais font du leur si grant destruction
> Qu'ilz en entrent en la subjection
> De faire aux dens l'arquemie sans faillir.
>   (Ed. Prompsault, p. 267.)

Si grand thresor veut tantost attirer,
Que nul ne peut perdre noix ou chataigne,
Qu'un autre, hardi preneur, tost ne la gaigne.
Regarde adonc quand quelque laboureur
A toy viendra, te faisant grand honneur
Disant ainsi : « Me pourriez-vous prester
Un peu d'argent? autrement arrester
L'on me fera maintenant en prison ;
Si à mon mal vous donniez guerison
En me prestant ce qui m'est necessaire,
J'irois trouver quant et quant un notaire
Qui me feroit une obligation
De corps et bien avecques caution,
Où l'on mettroit la moytié d'avantage
Que payerois, avec un gros fromage
Qu'apporterois, dont vous serois tenu
Quand le mien terme un jour seroit venu. »
Mais sçais-tu quoy luy repondras en somme :
« Penserois-tu cela de moy, bon homme,
Que je vouluz, pour mon argent attendre,
Un seul denier sur toy d'usure prendre ?
Nenni, nenni ; mais regarde et advise,
Si veux d'argent, sur quelque marchandise
T'en presteray, car tels prests sont honnestes,
Sur de la toyle, ou bien sur des chenettes [1],
Et, si tu veux bien faire une entreprinse,
T'avanceray de l'argent sur ta prinse,
Sur ton froment, ton orge ou ton avoyne ;
Par ce moyen je t'ousteray de peine. »

1. Pièces de toile d'une espèce particulière.

Veux-tu sçavoir que tu luy presteras?
Troys florins seuls, dont plaisir luy feras.
Et dans trois mois sçais-tu qu'il t'en donra?
Une chenette en fil t'apportera,
Vallant toujours, courant quelconque orage,
Quatre florins et souvent davantage.
Sur toile aussi des florins donras cinq,
Et en auras des aulnes vingt et cinq,
Qui vauldront bien six florins en tout temps.
Tout dans troys mois, cela tu peux entendre,
Et quatre fois l'an proffit pourras prendre.
Encores plus, si prens affaire à gens
Qu'en l'art marchant soyent un peu negligens,
Leur presteras de l'argent sur leur prise
Que, nonobstant brouillaz, tempeste ou bize,
Ils payeront, et sçais-tu bien comment?
Sur un bichet[1] de bon et beau froument
Deux florins seulz tu leur avanceras,
Et dans trois mois le bichet recevras
Quand ils auront recueilly leur moisson,
Et porteront le bled dans ta maison.
Lors tu diras : « Ay-je bonne mesure?
Est-il bien nect, y a-il point d'ordure? »
En maniant ton bled avec les mains
Vallant toujours quatre florins au moings,
Diras ainsi : « Mon amy, sçais-tu quoy?
Si tu as poinct plus affaire de moy,
Ne soys honteux ; viens moy trouver tout droit ;

---

1. Mesure qui, selon Cotgrave, pesoit dans le Lyonnois 70 livres, ailleurs 55, et, quand elle s'appliquoit à des châtaignes, 36 livres seulement.

Asseure-toy que, puis qu'il me fauldroit
Par faulte aller emprunter de l'argent,
Me treuverois pour toy fort diligent,
Et, si tu as besoing d'aucune chose
Qu'en ma maison dans les murs soit enclose,
Foy de marchant, voire sans point de faulte,
Ne t'en lairray avoir aucune faulte.
A Dieu te dis jusqu'à l'autre voyage,
Te merciant de bon cœur ton fromage. »
Sur de l'avoyne ainsi tu presteras,
Sur l'orge aussi telle usure feras,
Laquelle usure au pauvre portant perte
Tiendras tousjours caché soubs la couverte.
Si est-ce qu'il vauldroit tousjours autant
Qu'on te payast en argent tout contant.
Autant vaillent comme les marchandises,
Dont finement ton usure deguises :
Car de plus grand larcin tu n'userois,
Quand argent sec leur valleur recevrois.
Par ainsi donc, quel fard que tu y boutes,
Le pain moillé doibt tousjours valloir souppes;
Si tu n'entens ceste belle raison,
Bien entendras aultre comparaison,
Encor qu'on ayt bien affaire à jouyr :
Du mauvais sourd quand il ne veut ouyr.
Je dis donc, moy, qu'un chappeau poinctu beau
Vault bien tousjours un beau poinctu chappeau
Et un chappeau large, sans grand tenant,
De la façon qu'on porte maintenant,
Presque forgé sur la mode d'un plat,
Est appellé par tout un chappeau plat.
Je sçay encore une bonne practique

Pour achever de fournir ta boutique.
Fay du badin, du fol ou bien de l'yvre,
Qui ne sçait comme en ce monde fault vivre,
Contrefaisant un peu l'asne qui raille,
Faisant souvent à Dieu barbe de paille,
Pour à tes lacz les pauvres gens surprendre,
Qu'à ton secours courans se viendront rendre.
Laissez-moy là ces consciencieux
Qu'à manyer l'argent sont si honteux
Qu'on n'oseroit, creignant les faire braire,
Un denier seul de leur bource distraire.
Boutez à part ceste grand preud'hommie,
Et laisse un peu la raison endormie;
Cinq ou six ans à Dieu le doz tournant,
Tu deviendras plus tost riche en dormant
Que trop veillant tel juste qui tant raille,
N'ayant jamais dans sa bource une maille.
Mais sçais-tu pas? quoy que je te racomte,
Pour mieulx venir au comble de ton compte,
Meine tes faicts si très acortement
Que chacun ait de toy le jugement,
Par un faulx rys et parler bien affable,
D'un homme sainct, courtois et charitable.
Voylà comment, fort te justifiant,
Peulx attraper l'homme se confiant
Par ton moyen voir la fin de ses debtes;
Mais, cependant que de l'argent luy prestes
Par indecens et cautelleux moyens,
Tu luy faicts voir la fin de tous ses biens,
Et, quand il a sa chevance vendu,
Tu as gaigné tout ce qu'il a perdu.
Après celuy, un aultre seduiras,

Un aultre encor, si tu peux, tromperas.
Brief, tous ceux-là qu'à toy se froteront
Nudz et frustrez de leurs biens s'en iront ;
Et, si quelcun y trouvoit à redire,
Dis-luy tout court, te prenant à sourire,
En le mordant : « Sçais-tu pas qui ne robbe
Au temps present que jamais ne faict robbe ? »
Ainsi faisant tousjours ta cause bonne
Par ta richesse, en t'estimant preud'homme,
Grands et petits te feront reverence
Pour les escus qu'auras en abondance.
Entens encor tous les derniers supplices
Pour accomplir du tout tes malefices :
Quand tu verras les gens destituez
De tous leurs biens, estans constituez
En un estat si pauvre et pitoyable
Que peu s'en fault qu'un vent ne les accable,
Par les larcins que toy et tes complices
Aurez sur eulx faicts par voz avarices.
Ne vueilles plus rien prester à personne,
Creignant de perdre entierement ta somme ;
Par l'indigence estant parmy le monde
Trouveras donc praticque plus profonde.
Dans un marché iras à la Grenette[1],
Feignant mener quelque traffic honneste,
Sçauras-tu pas fort bien jouer ton roolle,
Du marmiteux faisant, serrant l'espaule,
En marchandant froument, segle et avoyne,

1. La Grenette est encore aujourd'hui une des grandes rues marchandes de Lyon ; elle va de la place des Cordeliers aux rues de la Plume et de l'Aumône.

Feignant avoir pour ta vie grand peine,
Disant : « Amy, que vendez la bichette
De ceste seigle ? Est-elle belle et nette ? »
Et, s'il te dict : « Je la vends dix sols, sire »,
Tu luy diras : « Cela je ne desire
Que m'appelliez me faisant tel honneur ;
Seriez-vous point quelque maistre donneur
De brocardeaux au pauvre et indigent
Qui n'a moyen d'avoir qu'un peu d'argent,
Dont luy fauldra mettre en bled le toutage [1],
Pour, ce cher an, en nourrir son mesnage.
Vous voyez bien que je suis à bissac !
Hé ! depechez ! lyez un peu ce sac,
Et l'apportez au logis promptement ;
Là, si je puys, en aurez payement. »
Toujours faisant ainsi ta chattemitte,
A chaque coing personne interposite
Pour toy sera se mettant en grand peine.
En quinze jours, ou en une sepmaine,
En cinq ou six marchez à l'environ,
Amasseras bien peult estre environ
A cent escus de bled ou à deux cents,
En tondant l'herbe aux pieds des innocens,
Pour en avoir, si peux, trois fois autant,
Non à credit, mais à d'argent contant.
Mais fais que soit un peu après la prise
Que d'amasser bled feras l'entreprise,
En le gardant tel qu'il est, quoy qu'il coste,
A tout le moins jusqu'à la Pentecoste.

---

1. La totalité.

Puis tu verras dans les mesmes Grenettes,
Où tu auras faict si belles emploictes,
Une meschante sorcière à maigre mine
Qu'appellée est des pauvres la Famine,
Qui s'en viendra devers toy s'adresser,
Et tu sauras fort bien la caresser
Pour les thresors qu'elle t'apportera ;
Mais d'avec toy point ne deslogera
Sans plusieurs gens tuer et assommer
De son faulx dard oingt d'un venin amer,
En ta presence, et luy laisseras faire
En te baignant voyant un tel misère ;
Mais, pour le grand et excessif hommage
Que luy feras, ne fera poinct dommage
A ta maison : croy donc asseurement
Que, quand viendra le jour du jugement,
Oncques sur toy ne vis un tel deluge.
Du tout fauldra rendre compte au grand juge. »

Response du lourdaut se reveillant au sortir de son songe du lict, sur lequel il estoit en plein jour endormy.

Dame Avarice, grand mercy
De vostre beau conseil tant gent ;
Du compte rendre n'ay soucy,
Car le terme vault bien l'argent :
J'ay esté si très indigent
Depuis le temps que suis en estre
Que paresseux ou negligent
A vostre leçon ne veulx estre.

L'Aucteur.

Je pense bien, je doubte qu'il y aura tousjours quelcun qui vouldra brocarder et contreroller ceste mienne entreprinse, disant que je parle d'affection contre les usuriers, pource que je n'ay de quoy ny le moyen pour exercer ce venerable mestier, d'autant qu'il n'est pas permis d'estre larron à qui veult. N'ayant donc le pouvoir ny le vouloir de l'estre, l'on ne m'en sauroit faire dire aucun bien, et, ne me voulant de tant avantager que d'entreprendre escrire au gré d'un chascun, j'en laisse le jugement à ceux que le faict ne touche en rien, mettant pour fin cy-après un petit huictain pour entierement desgouter les lecteurs de toute marchandise et traffic usuraire :

> Amis, qu'aurez leu dans ce livre,
> Ne trouvez rien bon en l'usure ;
> Ayez aultre moyen de vivre,
> Pour les allimens de nature,
> Recherchans vostre nourriture
> En un art licite et honneste,
> Evitans la faulce mesure
> De l'usure comme la peste [1].

---

1. Mermet a peut-être eu affaire aux usuriers, car il revient bien souvent là-dessus. Ainsi, dans son *Temps passé* (édit. de 1601, p. 79-83), nous trouvons :

> La complainte de l'usurier
> Insatiable et roturier,
> Qui sera condamné à rendre
> Ce que trop il a osé prendre.

La seconde partie du present Traité, discourant de la cherté et dissette des vins de l'année passée, avec le recouvrement d'iceux en l'année presente, pour donner passetemps et recreation en recompense de la première partie, assez mal plaisante pource qu'elle traicte des objects de la faulte du pain.

La Metamorphose du verre mué en bassin et du bassin remué en verre [1].

'année passée, espouvantable chose
Nous apparut, par la metamorphose
Du verre beau, cler et resplandissant,
Mué en bassin de cuyvre mal plaisant,
Et par les vins, desquels bevions l'elitte,
Muez en vins à quantité petite.

---

1. Dans l'édition du *Temps passé*, de Claude Mermet, donnée en 1601, à Lyon, par les héritiers de Benoît Rigaud (je n'ai pas sous les yeux celle de 1585), l'on trouve, p. 26-28, cette pièce, sous le titre de *la Métamorphose du verre au bassin de l'année mil cinq cens septante-trois*. Les variantes y sont assez nombreuses ; mais, comme elles ont été écrites par l'auteur pour entrelacer régulièrement les rimes masculines et féminines, ce qu'on observoit moins en 1573, il seroit difficile de donner les variantes, pour lesquelles nous renverrons à l'édition indiquée.

Et, que pis est, par force, et non par droict,
Les bons beveurs furent en maint endroict
Si estonnez et hors de leur memoire
Qu'il leur falloit de l'eau pure pour boyre,
De ce faisans escolle costumière
En delaissans ceste liqueur première,
Qui tels gallans doulcement allectoit
Quand chacun d'eulx du matin s'arrestoit
Au meilleur vin et proche ostellerie;
En change donc n'a rien que tromperie.
O Dieu Bachus, où estois-tu perdu ?
Estois-tu mort, ayant l'esprit rendu,
Laissant ainsi ta troupe dessaisie
De si bons vins muscats et marvoysie,
Dont tes suppots souloyent prendre l'audace
Boyre à grands traicts frais à ta bonne grace ?
Ou si estois peult estre detenu
En quelque coing, où te fust advenu
Pour les excès qu'as faicts en abondance
Quelque fort grand remort de conscience ?
J'en doubterois, causant la mesprisance
Dont tu usois, t'estant ramply la pance
Des vins plus chers que tu sçavois à vendre,
Lesquels laissons le plus souvent respendre,
Au temps passé quand tu prenois plaisir
De boire trop contentant ton desir.
Nous avons bien du depuis recogneu
Qu'oultre mesure nous avions souvent beu,
Par le tourment d'un si cruel inceste
Du vin perdu qu'eusmes telle disette
Que par deffault de l'enfant du raisin
Fusmes contraincts de jouer du bassin.

Mais maintenant la chance renversée,
Non pas en mal, mais en bien avancée,
Nous faict paroir par le vouloir divin
Qu'au lieu de l'eau boirons à force vin.
Car, tout ainsi qu'en ceste vie humaine
Voyons souvent venir après grand peine
Un grand soulas, seroit bien convenable
Que de liqueur vineuse et aymable
Nostre appetit, le voulans moderer,
Après grand soif puissions desalterer [1].

Helas! helas! o Bachus mon amy,
Cependant que tu estois endormy,
Trois tes suppots, dont il est grand dommage,
Ont de malheur passé le grand passage,
Un Paye-Tout, un Bon-Compte, un Credit,
Que l'aspre mort aux tavernes perdit,
En les blessant par manières estranges,
Auparavant les plus proches vendanges;
Dont j'ay grand peur que tu ne treuves poinct
Gens si expers pour cognoistre le poinct
Et goust des vins en Savoye ou en France,
Que si bien qu'eulx te facent reverence;
Mais toutesfois, puis que c'est une chose
Que plusieurs ont dedans leur goust inclose,

---

1. Dans ce passage la pièce du volume a ces deux vers :

> Que de vin doux, friand et amoureux,
> Je dis du vin qui fait lever l'oreille,

bons à rapprocher d'un passage du sermon du Cordelier aux soldats. (*Variétés historiques et littéraires*, II, p. 336, et la note.)

Tu es certain que treuveras assez
D'habiles gens pour faire grands excez,
Non bevans d'eau près de quelque citerne,
Mais du bon vin au fond d'une taverne;
Qui souffriront de grand benivollence
Avecque toy prendre leur accointance
Pour te servir, cherir et honnorer,
Pourveu que tu leur veuilles collorer
Le bout des joues, aussi le bout du né,
De couleur rouge, estant tout boutonné
De beaux saphirs, rubys et dyamans,
Desquels ils sont sur toute perle amans,
Et te suyvront de grand affection
En leur donnant telle provision.
A force vin et à force salleures,
Les trouveras tous prets, à toutes heures
Que les vouldras aller ou mander querre,
Faire carus[1] jusques au fond du verre,
Laissans jouër la farce de douleurs
Du bassinet à ces fols basteleurs.

1. Abréviation de la forme *faire carousse*.

Fin.

Bigorne qui mange tous les hommes qui font le commandement de leurs femmes [1].

Cy commence Bigorne qui mange tous les hommes qui font le commandement de leurs femmes entierement.

Bigorne.

Bigorne suis en Bigornoys,
Qui ne mange figues ne noys,
Car ce n'est mye mon usage.
Bons hommes qui font le com-
De leurs femmes entierement   [mant
Sont si bons pour moy que c'est rage :
Je les mange de grant courage ;

1. L'original de cette pièce, peut-être unique, est un petit in-4° goth. de 4 ff., sans indication de lieu et sans date. Un fac-simile en a été imprimé en mars 1840 par Crapelet pour la collection in-16 de M. Silvestre, dont il forme la 9ᵉ livraison. Au recto et au verso du titre se

C'est ung bon mès. Pour abreger,
Bons hommes sont bons à manger.

Le Bon Homme.

Très doulx seigneur, vostre mercy !
Sachez que venu suis icy
Vous requerir misericorde.
J'ay une dyablesse de femme
Qui me tence, bat et diffame,
Ne jamais à moy ne s'accorde,
Mais, comme lyé de sa corde,
Fait de moy tout à son plaisir.
Bons homs vit à grant desplaisir.

Bigorne.

Attens ung peu, beau damoyseau ;
Laisse m'avaller ce morceau,
Qui est très bon, je t'en asseure,
Et puis à toy je parleray,
Et voulentiers t'escouteray.
Tu es venu à la droicte heure.
Homme qui plaint et si fort pleure,
Comme tu fais, n'est pas joyeux.
Trop pleurer fait grant mal aux yeux.

trouve une gravure représentant un homme agenouillé devant Bigorne, qui en dévore un autre. Bigorne a une tête d'homme, le dos squammeux, le ventre quadrillé de lozanges, les pattes de devant garnies de griffes et celles de derrière palmées. Nous renvoyons à la fin de la pièce quelques remarques qui sont trop longues pour pouvoir trouver place dans une note.

Le Bon Homme.

Bien doy gemir et souspirer,
Car je ne sauroye empirer
De femme au demourant du monde.
Se je dis : Nuf, elle dit : Naf;
Se je dis : Buf, elle dit : Baf.
Toute malice en elle abonde;
Ell[e] est en tout mal si parfonde
Que jour et nuyt ne fait que braire.
Bon homme n'a rien plus contraire.

Bigorne.

Tu es une sotte personne
Se croys que ta femme soit bonne :
Toutes sont faictes d'une masse,
Et, pource qu'elles sont si malles,
Plus jangleresses que sigalles,
Font mourir de fain Chicheface.
Leur voulenté fault que je face;
L'omme n'y peult contrarier.
Bon homme ne peult varier.

Le Bon Homme.

Bien y a pis, pour vous le dire.
Mais quoy? on ne s'en doit pas rire,
Car le fait est trop molostru.
Ell[e] en a juré saint Martin
Que, devant que soit le matin,
Elle me mangera tout cru.
En son jardin ne suis pas cru.

J'ayme mieulx que vous me mangez,
Afin que d'elle me vengez.

Bigorne.

Se je suis gras, n'est pas merveille ;
Bons hommes m'essourdent l'oreille
Pour estre devorez de moy ;
Ilz viennent à moy à milliers,
Aussi grans comme de pilliers ;
Par quoy je n'en ay point d'esmoy
Que je n'en trouve prou sans toy.
Attens jusqu'à une aultre foys :
C'est la grace que je te foys.

Le Bon Homme.

Helas ! pour Dieu, n'attendez plus.
Par ma foy, il en ets conclus ;
Mieux vault mourir que tant languir.
Despeschez-moy, je vous en prie.
Après moy vient grant compaignie
De bons hommes pour vous nourrir.
Vueillez-moy donc faire mourir
Premier qu'ilz soyent en presence.
Bons homs prent tout en pacience.

Bigorne.

Puis qu'en as si grant voulenté,
Et qu'à moy t'es tant presenté,
Je te vueil premier despecher ;
Mais, quant en ma gorge seras,
D'une chose te garderas :

C'est de peter ou de vesser.
Il ne te fault point deschausser
Ne despoiller : c'est ma nature.
Bons hommes font ma nourriture. »

Cy finissent les Ditz de Bigorne, la très grace beste, laquelle ne mange seullement que les hommes qui font entierement le commandement de leurs femmes.

Note sur Bigorne et sur Chicheface.

A côté de Bigorne, qui, comme on a vu, est le monstre qui devore les bons maris, il y avoit aussi Chicheface, qui devoroit les bonnes femmes, et il est bien probable que l'éditeur de la pièce que nous venons de réimprimer lui avoit donné pour pendant une plaquette maintenant inconnue sur Chicheface : car on a si rarement parlé de l'un sans parler de l'autre, que nous sommes forcé de les réunir dans cette note mise à la suite d'une pièce consacrée surtout à l'un des deux.

Ils ne sont même pas particuliers à la France, car l'on connoît sur ce sujet une ancienne pièce angloise due à la plume de John Lydgate, l'élève et l'ami de Chaucer. Peut-être même n'a-t-elle été écrite par lui qu'à la suite de la mention de Chicheface faite par Chaucer dans ses contes de Canterbury. Dans l'*Envoy* qui termine le conte du clerc d'Oxford, c'est-à-dire l'histoire de Griselidis, l'une des strophes est celle-ci : « O nobles femmes, pleines « de grande prudence, — Ne laissez pas l'humilité « enchaîner vos langues ; — Ne laissez pas de clerc « avoir de cause ni d'occasion — D'écrire de vous « une histoire aussi surprenante — Que celle de la « douceur et de la patience de Griselidis, — De « peur que Chicheface[1] ne vous engloutisse dans « ses entrailles. » (Vers 9059-65.) Le catalogue des œuvres de Lygdate mis par John Stowe à la fin de l'édition de Chaucer donnée par Th. Speght en 1597 indiquoit déjà que Lygdate avoit traité ce sujet ; mais la pièce, conservée dans un manuscrit de la collection Harleienne[2], ne fut imprimée que par Robert Dodsley dans le dernier volume de sa *Collection of old plays* ; elle a été conservée dans la réimpression de cette collection donnée il y a une vingtaine d'années avec des notes d'Isaac Reed, d'Octavius Gilchrist et de l'éditeur Septimus Prowet[3] ; et depuis elle a été encore réimprimée dans les *Lygdate's minor poems*, publiés par M. James Orchard Halliwell, et que nous regrettons de ne

---

1. La leçon des manuscrits varie entre *Chechiface* et *Chichivache* ; c'est ce qui fait que Tyrwhit a donné comme origine *vacca parca* au lieu de *gracilis facies*.

2. Cf. Harleian manuscripts, II, p. 582, n° 2251, art. 126, folio 207 b.

3. London, 8°, XII, 1827, p. 301-4.

pas avoir eus à notre disposition, car ils nous eussent peut-être donné de précieuses indications. Quoi qu'il en soit, nous croyons qu'il n'est pas sans intérêt de donner ici une traduction de cette pièce, composée de dix-huit strophes de sept vers. Cette poésie prosaïque, toute chargée de répétitions et d'expressions explétives, paroîtra sans doute bien pâle, mais nous ne la donnons que pour le sujet :

Chichevache et Bicorne.

Il y aura d'abord une figure en forme de sage poète disant ces trois couplets.

O gens prudents, soyez attentifs et souvenez-vous pendant vos vies de cette histoire des maris et de leurs femmes, de leur bon accord, de leurs querelles, de leur vie et de leur mort, qui, en dernier lieu, est accordée à ces deux animaux.

Car de sa nature Bycorne ne se nourrit pas d'autre chose que de maris patients, et Chichevache de bonnes femmes, et ces deux bêtes sont l'une grasse et l'autre maigre, parceque l'une se trouve avoir abondance et l'autre disette de ce qui les nourrit.

Ici seront pourtraites deux bêtes, l'une grasse, l'autre maigre.

L'histoire nous a appris autrefois sur Chichevache et sur Bycorne que ces animaux, tous deux redoutés, se nourrissent, comme vous l'entendrez, d'hommes et de femmes condamnés pour leur souffrance ou leur impatience.

Ici sera pourtraite une grosse bête appellée Bycorne, du pays de Bycorneys, et elle dira les trois couplets suivants :

Je suis Bycorne de Bycornois, qui suis tout gras et tout rond ; par les liens et serments du mariage je suis le mari de Chichevache, qui ne mangera sur la mer et sur la terre que des femmes patientes et débonnaires, qui ne contrarient pas leurs maris.

Mais sa nourriture est bien maigre ; elle trouve si peu de femmes humbles ! leur langue caquette toujours pour contrecarrer. Pour moi, je maudis ces femmes douces qui ne savent pas, soit à la table, soit au lit, empêcher leurs maris de parler.

Pour moi, ma nourriture et mon plaisir, pour parler simplement et sans varier, sont ces gens qui n'osent pas contrarier leurs femmes, qui ne s'éloignent pas de leurs droits, qui n'ont pas avec elles de débats ; mon estomac les engloutira tous.

Ici sera pourtraite une troupe d'hommes venant vers Bycorne, et elle dit ces quatre couplets.

Amis, faites attention, et vous pouvez voir comment Bycorne dévore tous les hommes humbles, et vous et moi ; rien ne peut nous en défendre. Malheur donc en tous lieux à ces maris qui laissent leurs femmes être maîtresses de leurs vies.

Cette Bycorne, et c'est la loi, déchirera de ses mâchoires et dévorera celui qui laisse la maîtrise à sa femme ; cela nous conduira à un grand malheur, car, pour notre humilité, nous serons tous dévorés par Bycorne.

Nous sommes précisément dans ce cas qu'elles sont nos maîtresses. Nous pouvons bien, hélas ! dire et chanter que nous leur avons donné la souveraineté, car nous sommes esclaves et elles sont libres ; ainsi Bycorne cette cruelle bête, nous dévorera jusqu'au dernier.

Mais qui peut être assez le maître pour instruire et châtier sa femme de manière à ce qu'elle né dise pas un mot et ne désobéisse en aucune façon? Je puis dire d'un pareil homme qu'il est à l'abri de la juridiction de Bycorne.

Ici sera dans la gueule de Chicheface une femme dévorée, qui criera à toutes les femmes et dira ce couplet :

O nobles femmes, soyez prudentes et prenez exemple sur moi, ou bien j'ose vous affirmer que vous ne pourrez pas fuir et que vous mourrez. Gardez-vous bien d'être humbles, ou Chichevache ne manquera pas de vous engloutir dans ses entrailles.

Ici sera pourtraite une longue bête cornue, décharnée et maigre, avec les dents longues et n'ayant rien que la peau et les os.

Mon nom est Chichevache ; je suis affamée, maigre, toute décharnée, et j'ai grant honte de faire voir mon corps, tant je souffre de la faim. On ne verra pas sur moi de graisse, parce que je ne trouve pas de nourriture. C'est pour cela que je n'ai que la peau et les os.

Car je me nourris de femmes qui sont douces et semblables à Griselde en patience, ou en ayant plus encore pour augmenter leur bonté. Mais je puis aller et chercher longtemps avant de pouvoir trouver un bon repas pour rompre mon jeûne un matin.

Je crois que maintenant l'année des femmes patientes est rare. Celui qui les attaque de parole doit se bien armer contre de tels assauts, car il y a plus de trente mois de mai que j'ai cherché de terre en terre, et je n'ai pas encore trouvé une seule Griselde.

Je n'en ai trouvé qu'une seule dans toute ma vie, et

encore elle étoit morte depuis de longues années. Je ne courrai plus après ma pâture pour me soutenir par des aliments, car les femmes ont tant de prudence qu'elles ne seront plus jamais patientes.

Ici sera pourtrait, après Chichevache, un vieillard avec un bâton sur son dos, et menaçant la bête pour avoir dévoré sa femme.

Ma femme, hélas ! est dévorée ! Elle étoit si patiente et si paisible ; elle ne m'a jamais rien dit, et cette bête horrible vient de la tuer. Aussi, comme il est impossible de trouver une femme pareille, je vivrai seul toute ma vie.

Car maintenant les femmes vraiment prudentes se sont entendues et sont convenues d'exiler à tout jamais patience et de s'arranger pour que Chichevache n'en trouve plus aucune à manger.

Maintenant Chichevache peut jeûner longtemps, et à la fin mourra, pour porter la peine de sa cruauté ; car les femmes se sont faites assez fortes pour fouler aux pieds l'humilité, et vous serez bien malheureux, vous qui n'aurez pas de patience pour supporter les violences de vos femmes.

Si vous souffrez cela, vous êtes morts, et cette féroce Bycorne vous attend. Vous êtes chacun en grand crainte de vos femmes si vous ne leur dites plus rien, et ainsi vous restez entre la vie et la mort, enchaînés d'une double chaîne.

Cette pièce est, comme on voit, singulière dans sa forme, et l'on ne sait pas trop d'abord à quel usage elle fut destinée. Croire que ces indications : *Ici sera pourtrait, portrayed*, ne soient destinées qu'à indiquer les miniatures à peindre dans les manuscrits où la pièce seroit transcrite, seroit puéril. En même temps, je ne vois là rien de dramatique, et la pensée d'un acteur qui débiteroit les vers en montrant des tableaux, comme l'annonceur dans les foires, me paroît inadmissible. Ce qui me paroîtroit plus acceptable seroit de penser que ces strophes ont été écrites avec la destination d'être mises comme inscriptions sur des cartels ou des banderoles pour une tapisserie ou une peinture sur mur.

En France nous trouvons plus souvent Chicheface que Bigorne. Ainsi M. Jubinal, dans ses mystères inédits, I, 390-1, a publié un poème satirique *de Chincheface*, composé seulement de 168 vers et transcrit au XIVe siècle dans le manuscrit du roi 7218, f° 223. C'étoit la meilleure explication qu'il pût donner d'un passage du mystère de sainte Geneviève (*ibidem*, p. 248) où un bourgeois répond à la jeune sainte, qui lui prêche le pardon :

> Gardez-vous de la Chicheface :
> El vous mordra, s'el vous rencontre ;
> Par tous les sains de cy encontre
> Vous n'amendez point sa besongne.

Matheolus (N iii. v°) l'emploie en manière de comparaison :

> Je suis comme une Chicheface

Et Gratien Dupont la met dans son enumération des livres hostiles aux femmes :

> Semblablement les dictz de Chicheface
> Qui maint vouloir d'aimer femmes efface.

Mais elle devoit avoir toutes les consécrations. Dans ses recherches dans les documents des Archives pour arriver à dresser la carte archéologique de Paris, M. Berty indiquoit tout récemment Chicheface comme un des sujets d'enseigne qu'il a rencontrés dans les documents[1]. Bien plus, il s'en est conservé dans un château perdu dans une vallée de l'Auvergne une représentation murale accompagnée de vers. C'est M. Georges de Soultrait qui en a révélé l'existence dans le Bulletin d'Antiquités monumentales de M. de Caumont[2], et nous ne pouvons mieux faire que de réunir à notre pièce imprimée cette autre pièce peinte sur un mur[3], d'autant plus que cette dernière

1. *Les Enseignes de Paris*, Revue archéologique, Paris, Leleux, in-8, XIIe année, 1855, p. 9.

2. In-8, année 1849, p. 404-7. Il y en a un tirage à part, in-8 de 11 pages, dont il a été rendu compte dans le *Journal de l'Amateur de livres*, année 1850, numéro de mars et avril, p. 106-8.

3. Il y avoit autrefois sur le mur méridional de Saint-Martial, à Limoges, un bas-relief représentant un animal connu sous le nom de *la Chiche*. Je crois que Chicheface a été traitée par la sculpture des églises; mais les descriptions et les explications contradictoires qu'on a données du bas-relief de Limoges, l'inscription qu'on a supposé, peut-être à tort, s'y rattacher, ne permettent pas de le regarder ni comme une représentation certaine ni même comme une représentation de Chicheface. Cf. Allou, *Description des monuments des différents âges observés dans le département de la Vienne*, 1821, in-4, p. 227-32, et Tripon, *Historique monumental du Limousin*, 1827, in-4, p. 37-8.

lui est, comme on verra, redevable de pas mal de vers. Nous remarquerons seulement, d'après M. de Soultrait, que le château de Villeneuve, qui se trouve dans la vallée de Lambron, au sud-ouest d'Issoire (Puy-de-Dôme), fut rebâti au XVIe siècle par Rigault d'Aureille, conseiller, chambellan et maître d'hôtel de Louis XI, Charles VIII, Louis XII et François Ier, et qui, né en 1445, mourut le 15 septembre 1517. Toute la galerie cintrée qui entoure la cour est encore couverte de peintures, et celles qui nous occupent, et sur lesquelles nous laissons la parole à M. de Soultrait, se trouvent dans la partie droite ; les figures y sont de grandeur naturelle, les inscriptions en caractères gothiques noirs avec initiales rouges, et, chose singulière, Bigorne et Chicheface sont immédiatement suivis du portrait de Rigault d'Aureille, représenté en pied et assis :

« Les deux sujets qui viennent ensuite montrent
« que le maître d'hôtel de François Ier étoit beau-
« coup moins galant que son royal maître. Le pre-
« mier de ces sujets représente une bête mons-
« trueuse, d'une maigreur effroyable, avec le corps
« et la tête d'un loup, des sabots de cheval à ses
« pieds de derrière et des griffes à ceux de de-
« vant. Elle tient dans sa gueule, garnie de dents
« formidables, une femme en costume bourgeois
« du XVIe siècle, dont la partie inférieure a déjà
« été dévorée ; cette femme se débat et fait tous ses
« efforts pour échapper au monstre. On lit à côté,

« sur deux pancartes figurées, l'explication de cette
« scène.

Le dit de la Chicheface.

Moy qu'on appelle Chicheface,
Très maigre de coleur et face
Je suis, et bien en est raison ;
Car ne mange en nulle saison
Que femmes qui font le commant
De leurs maris entierement.
Des ans y a plus de deux cens
Que ceste tiens entre mes dens,
Et sy je ne l'oze avaler,
De peur de trop long-temps jeuner ;
Car dix mille ans ay esté en voye
Sans avoir jamais trouvé proye.

Le dict de la Fame.

Pour avoir faict et acomply
Le bon voloir de mon mary,
Souffrir me convient grief tourment.
Vous qui vivez, au demourant
Ne veulez pas comme moy faire,
Car enfance me l'a fait faire.

« Un peu plus loin est représentée une énorme
« bête, d'une grosseur démesurée, le dos couvert
« d'écailles et le ventre lisse, faite à peu près com-
« me la Tarasque qui figure à Tarascon le jour
« de sainte Marthe ; son gros corps est porté sur
« de courtes jambes et terminé par une tête hu-
« maine dont la bouche monstrueuse engloutit un
« homme dont on ne voit plus que les bras. Cette

« bête est la Bigorne, dont il est question dans
« quelques facéties du moyen âge? Devant et der-
« rière elle deux bourgeois sont à genoux et sem-
« blent la supplier. Les vers suivants, écrits aussi
« sur des pancartes, nous expliquent cette figure.

Le dit de la Bigorne.

Bigorne suis de Bigornois,
Qui ne mange figues ne noiz,
Car ce n'est mie mon usaige.
Bons hommes qui font le commandement
De leurs femmes entierement
Sont si bons pour moy que c'est rage;
Je les menge de grant corage,
Bons hommes sont bons à menger.

Si je suis gras, n'est pas merveille;
Bons hommes m'essordent l'oreille,
Afin que morir je les face.
Je mange d'iceulx à miliers,
Gros et grans comme pilliers,
Que à moy viennent à ceste place
Pour faire ma corpo[r]elle grace.
Comme Chicheface ne suys,
Qui rien ne met en son partuis.

Or velà jà ung que actend
Que je l'engueule cependant,
Avant que (les) autres soient venus,
Qui desirent par nos efforts
Estre lougez dedans mon corps.
Vestus soient-ilz ou tous nuds,
Les reffuser ne suis tenu;
Mais tout prens et si m'en norris.
Bons hommes ainsi je peris.

BIGORNE.

Le dit du Bonhomme.

Très doulx seigneur, à ce mercy,
Sapchés que venu suys ycy
Vous requerir misericorde.
J'ay une diablesse de femme
Qui me tance, bat et diffame,
Ne jamais à moy ne s'acorde,
Mais, comme lié de sa corde,
Fait de moy tout à son plaisir.
Bons hommes huy a desplaisir.

Bien dois gemir et souspirer,
Car je ne savoye empirer
De famme au demourant du monde.
Si je dis *nuf*, elle dit *nauf*;
Si je dis *buf*, elle dit *bauf*.
Toute malice en elle habonde;
Elle est en tout mal si parfonde,
Que nuyct et jour ne faict que braire.
Bons hommes n'a rien si contraire.

Pour ce vous requiers humblement,
Ostez-moy tost de ce torment;
Car souffrir plus ne le puis pas
Si grant peine et angoisse.
Prenés en moi vostre repas,
Ains que de milliers ung grant tas
De bons hommes vous facent presse.
Un chacun d'iceulx s'adresse
A vous por estre devorez;
Mais tout premier vous me prendrés,
Afin que de ma femme vous vengés.

Ajoutons qu'il y a aussi en Italie une bête analogue à Bigorne et nommée Biurro, que, dans une note de la réimpression de Silvestre, M. V. Poirier a signalée, d'après les *Canti carnacialeschi* (Cosmopoli, 1750, in-8, p. 294), comme une bête monstrueuse figurant dans une mascarade florentine du XVIe siècle, avec cette inscription sur la poitrine :

> Io son Biurro che mangio coloro
> Che fanno a modo delle moglie loro.

En Angleterre on connoissoit encore les deux monstres à la fin du XVIe siècle ; une courte note de l'*Alliance des Arts*[1] sur l'origine de Bigorne parle d'une gravure sur bois, d'un travail fort grossier et exécutée sous le règne d'Elisabeth, où se montrent encore les deux bêtes fantastiques, également reconnoissables, l'une à son état de dépérissement piteux, l'autre à son obésité envahissante ; seulement Chicheface s'appelle *Pinch-Belly*, c'est-à-dire Ventre-Creux, et Bigorne, Boyaux-Pleins (*Fill-Gutt*). Cette gravure sur bois, si curieuse, doit être celle indiquée par M. Wright, dans son annotation de Chaucer, comme faisant partie d'une précieuse collection de *canards* conservée dans la bibliothèque de la Société des Antiquaires de Londres. Du reste le souvenir en existe toujours en France dans la littérature populaire, et nos paysans du nord achètent encore pour un sou pièce deux placards coloriés de Bigorne et de Chicheface, avec des légendes en vers.

---

1. *Suite du Bulletin de l'Alliance des arts*, in-8, n° 2, 10 août 1845, p. 80-81.

La Remembrance de la Mort [1].

Cy commence la Remembrance de la Mort.

ourir fault; c'est chose commune;
Nul n'y peult [nul] remède mettre;
Mort prend cent personnes comme une.
Qui pour donner ou pour promettre
Il peust autruy pour soy commettre
La mort eut de l'argent à grand tas;
Mais à sa loy nous fault soubzmettre :
Car à tous fault passer le pas.

    Nous sommes de terre et de cendre,
Creés du lymon et d'ordure,
Et pour ce nous faut il descendre
A la primitive nature,
A vilité et à pourriture,
Jeunes, vieulx, maigres et les gras,

---

1. Cette pièce est un in-4 gothique de 3 ff.; mais l'exemplaire que nous avons eu sous les yeux étoit probablement incomplet du titre. Elle doit être imprimée par Pierre Maréchal et Barnabé Chaussard, car les deux lettres ornées des deux vers qui terminent se retrouvent dans leurs publications.

Viande aux vers et nourriture :
Car à tous fault passer le pas.

 Papes, cardinaulx, archevesques,
Vicaires, doyens [et] chanoynes,
Patriarches, abbés, evesques,
Cordeliers, jacobins et moynes,
Procuration ne exoinne
Ne leur vauldroit riens en tel cas ;
Comparoir leur fault en personne :
Car à tous fault passer le pas.

 Il n'y a empereur ne roy,
Marquis, congnetable ne conte,
Que la mort ne maine avecques soy ;
De leur haultesse ne fait compte ;
Les mieulx montez souvent desmonte,
Et les fait cheoir au plus bas,
Et n'y regarde honneur ne honte :
Car à tous fault passer le pas.

 Grans bourgeois et riches marchans,
Qui ont tant de biens ammassez
Par villes, cités et par champs,
D'acquerre onc ne furent lassez.
Las, quant il fault qu'ilz soyent passez
Chascun par un si estroit pas,
Ilz sont de tous soulas cassez :
Car à tous fault passer le pas.

 Juges, advocatz, procureurs,
Et tous aultres gens de praticque,
De vivre vous n'estes pas seurs ;
Mourir fault, c'est chose publicque ;

Quant la mort chascun au cueur picque,
De plaidoyer si sont tous las,
A la mort n'a nulle replicque :
Car à tous fault passer le pas.

Il n'est fisicien ne mire,
Tant saiche les aultres guerir,
Qui à ce myrouer ne se mire,
Et que tous ne faillent mourir;
Car oncques n'y peurent fournir
Galien, non fit Ypocras;
La mort les vint tous deux querir :
Car à tous faut passer le pas.

Tabelions et recepveurs,
Notaires et aussi sergens,
Quatermes et impositeurs,
Qui moult sont toujours diligents
De prendre sur les pouvres gens
Chascun jour par *fas et nephas*,
Ne seront pas toujours regens :
Car à tous faut passer le pas.

Nobles dames et damoiselles,
Qui sont si grandement parées
Que leurs testes semblent grans voiles,
Tant sont leurs cornes elevées [1],
Helas! tant seront esgarées
Quant elles cheoirront en ce pas :

---

1. Ce détail reporteroit la pièce à une époque plus ancienne, car les coiffures *encornées* remontent à la première moitié du XVe siècle.

Car en cendres seront muées,
Puisqu'à tous fault passer le pas.

Marchandes de ville et bourgeoises
Qui ont estas de grans manière,
Pendant de lectisses[1] deux toyses,
Cointz chapperons, large cornière,
Leurs robbes trainnent par derrière,
Pougnetz à bombardes au compas,
Peu leur vauldra leur serpelière[2] :
Car à tous fault passer le pas.

Le grand estat que la gent porte
De mourir ne la garde point ;
Ainçoys passe plustost la porte
Que tel qui n'a que son pourpoint.
Quant [la] Mort de son dard les point,
Vestuz vouldroient est[r]e de sacz ;
Mais chascun n'y regarde point :
Car à tous fault passer le pas.

Amour, desduys, soulas, liesse,
Courtoisie, honneur et franchise,
Beaulté, vaillantise, liesse, prouesse,
Contre la Mort riens je ne prise ;
Car elle deffit par mesprise
D'entre David et Jonatas

---

1. *Letices*, fourrures.
2. Comme les mots ne restent pas toujours à la même place, mais montent ou descendent, celui-ci, qui s'est conservé dans la campagne sous la forme *serpillière*, ne signifie plus qu'une blouse commune.

L'amour qui entre eulx fut esprise[1] :
Car à tous fault passer le pas.

Ne nous chaille de cette vie
Qui n'est fort q'ung petit moment[2];
Ce n'est que tout mal et envie,
Peine, douleur, travail et tourment;
Elle passe si très briefvement
Que ce n'est q'ung petit trespas;
Pensons que l'ame aye saulvement :
Car à tous fault passer le pas.

Qui plus [est] en ce monde icy,
Et plus de pechez il acroit,
Ce n'est que tout mal et soussy,
Je ne voy rien qui aille à droit :
Loyaulté dort, Force est droit,
Raison, chascun ne la fait pas;
Tout le monde goute ne voit :
Car à tous fault passer le pas.

Amys, pour la vie active
Qui tant est povre et miserable,
Ne perdons la contemplative,
Qui à tous temps est pardurable;
Car, si à Dieu n'est agreable,
Nous povons bien crier : Helas!
Damnez serons, ce n'est pas fable :

1. Jonathan, fils de Saül et très affectionné à David, périt dans la bataille contre les Philistins à la suite de laquelle Saül se tua. Cf. le premier livre de Samuel, vers la fin.

2. Imp. : mouvement.

DE LA MORT.

Car à tous fault passer le pas.

 Mettons peine de vivre avecques Dieu ;
Que l'ame aye de chair victoire,
Tant qu'abiter puissions au lieu
Où a pardurable memoire,
Joye sans fin, c'est chose certaine,
Lassus [1], avecques Messias,
De paradis en la grant gloire ;
Deo dicamus gratias.

Amen.

Mourir convient ;
Souvent advient ;
Peu en souvient.

Priez Dieu par devotion
Qui ce cayer imprimé a
Que Jesus lui fasse pardon,
En disant : *Ave Maria.*

Finis.

Bien doit avoir le cueur doulant,
Qui doit mourir et ne scet quant [2].

---

1. *Là sus*, là hault.
2. Ces deux vers sont imprimés sur le dernier verso, en quatre lignes de grosses lettres, les mêmes que célles employées dans leurs titres par Pierre Maréchal et Barnabé Chaussard.

Le Blason des barbes de maintenant, chose très joyeuse et recreative[1].

Amy lecteur, je ne veux attenter
Que ce blason vienne offenser tes yeulx ;
Je ne l'ay faict pour mal te contenter,
Mais seulement pour passe-temps joyeulx.

Au Lecteur.

Amy lecteur, il n'y a personne, comme je croy, d'entre nous Françoys, qui n'ayt peu apprendre de ses ancestres ceste vertueuse response et vrayement digne d'un prince royal de France, François, Monsieur de Bourbon, seigneur d'Anguyen, faicte à Alphons[e], marquis du Guast, general du

---

1. Il a existé au moins trois éditions de cette pièce. L'une est indiquée dans la préface au lecteur, et comme une chose assez ancienne; peut-être ne seroit-il pas inexact de la rapporter à l'époque où François Ier, blessé dans une fête, se coupa les cheveux et laissa pousser sa barbe pour cacher une cicatrice. On ne paroît pas l'avoir retrouvée. — La seconde, au moins de celles signalées, est indiquée comme *Imprimée à Paris, suyvant la coppie imprimée, avec permission*. Elle offre une préface et à la fin deux sonnets qui ne se trou-

camp imperial soubz Charles-le-Quint. Celuy-cy, d'une outrecuydance fondée sur quelques attraictz et bons visaiges, de fortuit entendant que Monsieur d'Anguyen, general de l'armée françoyse, lui venoit au devant à Cerizoles, deliberé de le combattre, luy manda qu'il estoit trop jeune pour s'attaquer à luy, qui estoit un vieil routier. Ce jeune prince [1] respondit genereusement que

---

vent que dans celle-là seule : c'est celle qui a été réimprimée dans les *Joycusetez*. — La troisième, sans la préface et les deux sonnets, fut faite *A Rouen, chez Loys Costé, rue Escuyère, aux trois ††† couronnées*, in-8. de 4 ff. — Sur ce sujet, nous renverrons à l'Histoire de la Barbe des François qui forme un des chapitres du livre de l'avocat Molé, l'*Histoire des modes françoises*, Paris, 1773, in-12, p. 145-205, chapitre réimprimé en 1826, Panckoucke, in-16 de 48 pages, sans changement, et sous le titre de *Revolutions de la barbe des François*, par Motteley, qui n'y a mis ni son nom ni celui de Molé, le premier et le seul auteur.

1. Il a déjà été question de lui dans une pièce de ce recueil, intitulée *la Prinse de Pavie*; mais l'on fera mieux de voir l'article que Brantome lui a consacré dans ses *Hommes illustres et grands capitaines françois*, éd. du Panthéon, I, 287-8, et dans lequel on peut noter ce passage curieux pour l'histoire des arts : « Je l'ay veue, dit Brantome parlant de la bataille de Cerisoles, peinte en un des cabinets de la reyne d'Angleterre, très bien, dans un beau grand tableau qui avoit esté fait par le commandement du roy Henry d'Angleterre, qui avoit esté curieux de l'avoir et le faire faire. Je ne l'ay jamais veue representée ailleurs que là. » J'ai vu dans la pièce désignée comme la chambre d'audience de la reine dans le palais d'Hamptoncourt, près de Londres, qui offre les plus beaux originaux et les toiles les plus curieuses perdus au milieu de copies pitoyables, quelques tableaux de ce genre, attribués sans aucune raison à Holbein, mais très intéressants : la bataille des éperons, l'embarquement de Henri VIII à Douvres, l'entrevue du camp du Drap-d'Or, l'entrevue de Henri VIII avec Maximilien. La bataille de Cerisoles a pu faire partie de cette suite, mais elle ne paroit pas avoir été conservée.

ce n'estoient pas les barbes des Françoys qui combattoient, mais que, par leurs espées trenchantes, ils faisoient santir à l'ennemy leur vertu masle, qui par ce moyen tant de foys s'estoient faict voie à travers les armées des ennemis, tant en Europe qu'en Asie et Affrique. Je ne doute pas que la barbe n'apporte avec soy un plus grand poidz d'auctorité et respect en un qui a charge publicque ; mais d'estimer sottement avec le vulgaire que, si la barbe n'est point, il ne aye ni solide jugement, ny experience asseurée, ny discrette modestie, ou bien une constance louable, c'est juger des choses selon l'exterieur et à la volée. Mais, ne voulans entrer en ceste conferance, qui meriteroit bien un discours à part, je te presente seulement une censure des barbes de maintenant, qui a esté autrefoys imprimée, en laquelle je ne pretends taxer personne, sinon un tas de gens sans nom, sans honneur, sans qualité, qui, nourris et elevez mecaniquement dans la lie populaire, ozent, comme singes des grands, contrefaire les gentilshommes, mesurant la noblesse et grandeur à l'aune de leurs barbes. En ce nombre sont comprins ceux qui font profession de voller en temps de guerre, contrefaisans les soldars, et mesme en temps de paix, hommes fainéants, vagabonds, et qui ne se doibvent endurer en aucune republique, lesquelz, pour se faire craindre, debvroient passer aux terres neufves : car, à raison de leurs barbes, ilz seroient prins pour Espaignolz, qui, à ceste occasion, ont esté par les habitants de ces pays surnommez barbus, et pour leur courtoisie ordinaire fort redoubtez. Je ne veux pourtant par cela condamner les barbes, mais bien la trop grande curiosité de ces dameretz, qui, à la mode des sybarites, voire des anciens Grecz et Romains abbastardiz et effeminez, sont aussi curieux de parer et parfumer leur barbe comme une femme sa perruque. Je te prie prendre le tout en bonne part.

Le Blason des barbes de maintenant.

On dit, en un commun proverbe,
Qu'on ne craint homme, s'il n'a bar-
Et que nul homme n'a renom [be,
S'il ne porte barbe au grenon[1] :
C'est pour cela qu'au temps qui court
On voit tant de barbuz en court;
En ville, aux champs, ès prez herbus,
On ne rencontre que barbus,
De grands barbaulx, petits barbets
Qui contrefont les marrabets.
Mesmes on voit des paysants
La pluspart estre barbaysants,
Dont la pluspart font les barbus,
De tant de gens qui sont barbus;
Car le barbu qui a forfait
Incontinent sa barbe a fait,
Et se rend du tout incongneu.
Mais cil qui a le menton nud
Et rasé, ainsi comme un prestre,
Est bien plus facile à cognoistre.
   Outre plus, celuy qui a barbe
Aussi espaisse qu'èz prés herbe,
Est subject à mainte fortune :
Tout premier il tient de la lune,
Estant triste et melancolique;
Sa barbe le poinct et le picque,

1. Au menton.

Et le rend tout pasle et deffaict.
　　Mais celuy qui sa barbe fait
Est mieux qu'un barbu coloré,
Tousjours frais, bien deliberé ;
Le regard beaucoup plus plaisant
Qu'un hideux barbaulx paysant
Qui tort la gueulle et fait la mine.
Sa barbe [est] plaine de vermine,
De morpions, de poux et lentes
Sans repos, et puces groulantes.
Mais sans cesser sa barbe frotte ;
Il la desmesle, il la descrotte ;
Il la secoue, puis il la tire ;
Il la retord, puis il la vire ;
Il la resserre, et puis l'espart ;
Chascune main en tient sa part.
Il la patine et la manie,
Il la regarde et l'applanie ;
Il la testonne et puis la pigne.
Plus a de façons qu'en une vigne,
Sinon que point n'est vendangée.
　　Il fait bon voir à la rengée
Ces barbes de diverses sortes :
L'une est desliée, l'aultre forte,
L'aultre comme saffran est jaulne,
L'aultre de la longueur d'une aulne,
Barbe mouchetée, barbe grise,
Barbe comme cotton de Frise,
Barbe blonde, barbe meslée,
Barbe à moustache cordelée,
Barbe blanche, barbe florie,
Barbe d'Aaron ou Zacharie,

Barbe qui monstre à son semblant
Estre cousue de fil blanc ;
Barbe fourchue bravement,
Barbe à poincte de diamant [1],
Barbe noire, barbe moirée,
Barbe rousse, barbe dorée,
Barbe qui ne tient qu'à la lèvre,
Barbe saultant comme une chèvre,
Barbe aussi ronde qu'une esclisse,
Barbe à noc [2], barbe d'escrevisse,
Barbe à six poils, et barbe à chat,
Que plust à Dieu qu'on l'arrachast
Poil à poil à cil qui la porte.

Comme barbe espesse et forte
Sent mieux son genre masculin,
On voit maintenant un Colin,
Un planteux d'aulx, un sabottier,
Porter barbe de savettier,
Qui ne tient que par les rivetz ;
L'autre, pour faire le mauvais,
Soubz le nez porte sa moustache,
Où, par le froid [3], souvent s'attache
Un glasson, venant des roupies,
Gros comme sabotz et toupies,
Tellement qu'il a le menton

---

1. La barbe, confuse et grillée,
   En pyramide estoit taillée
   Ou en pointe de diamant.
   (*Le Banquet des Muses du sieur Auvray*, p. 191.)
2. Façon bien connue d'écrire le mot à rebours.
3. Imp. : *front* et *fronc*.

Plus roide et plus [dur] qu'un baston.
Est-ce aussi le faict d'un abbé
Comme un souldat estre embarbé,
Ne qu'un evesque, portant mitre,
Avec sa barbe entre en chapitre[1]?
Est-ce ainsi que nous abusons?
Tu me diras par tes raisons,
Après [y] avoir bien pensé,
Que Dieu n'y est point offensé.
Je ne contredis plus avant,
Et ce qui est dict paravant
Je prie qu'il soit bien entendu,
Car ce n'est mon but prétendu
De vouloir chascun censurer;
J'aimerois mieux tout endurer
Que quelqu'un des grands eut soupçon
Qu'en ce je touche son renom;
C'est du commun peuple mocqueur

1. Pour l'illustration de ce vers, on peut citer un exemple fameux. Sauval, dans le volume des preuves de son *Histoire de Paris*, parle (p. 80) d'une pièce très curieuse tirée du répertoire des chartes de l'église de Paris, portant permission donnée par le chapitre, le mercredi 15 avril 1556, à révérend père en Dieu maître Pierre Lescot, seigneur de Clagni, conseiller et aumônier ordinaire du roi, abbé de Clermont et chanoine de Notre-Dame (je n'ai pas besoin de dire qu'il s'agit du grand architecte), d'être reçu chanoine de ladite église *avec sa barbe*, par protestation que ladite permission qui s'ensuivra soit sans aucunement innover, déroger ni préjudicier aux statuts, priviléges et coutumes de l'Eglise. — Molé a d'autres exemples du même genre.

Que je veux estre [et] le censeur ;
C'est de ces barbetz à oultrance
Qui sont barbuz jusqu'à la pance ;
Plus barbuz sont ces bonnes gens
Qu'un pasté[1] moisy de long-temps[2].
  Que dirons-nous de nos regens,
Nos licentiez et artiens,
Advocats et praticiens,
Voulant les barbuz contrefaire ?
Et toutesfois ne sçauroient faire.
Aucun qui telle barbe aura
Un syllogisme en *barbara*[3] ;
Ilz sont tous clercz *barba tenus* ;
Si ce n'estoit qu'ilz sont congneuz,
Ilz se vouldroient bien faire craindre.
L'aultre fera sa barbe taindre
En noir, pour faire la fanfare ;

---

1. Imp. : Passe.
2. A la place de ces seize vers, on lit, dans l'édition de Louis Costé, ces six vers seulement :

> Mais tu diras par tes raisons
> Que le pape en peut dispenser ;
> Je respons, sans nul offenser,
> Que la dispense en cest affaire
> S'appelle congé de mal faire,
> Donnant scandalle à mainte gent.

3. Le syllogisme *en barbara* est le premier mode de la première figure de syllogisme, où les trois propositions sont affirmatives. Il y a une équivoque pour faire le sens : *ara* (pour *aura*) un syllogisme dans sa barbe.

Vous diriez que c'est un barbare,
Barbarien de Barbarie.
Je ne puis faire que n'en rie
De voir ainsi ces barbarins
Plus noirs que Mores tartarins [1],
Laidz et hideux oultre mesure,
Plus que ne permet leur nature.

Mais je treuve beaucoup plus beau
De voir la carpe et le barbeau,
La barbue et le barbillon,
Bouillir au plat à gros bouillon,
Dedans la saulce à beurre frais,
Puis boire souvent à grands traitz
Affin de la soif estancher.

Venons maintenant à toucher
La punition des barbuz,
Et, s'ils veulent, comme d'abuz,
En appeler, sans nul sejour
Leur soit donné un certain jour,
Pour plaider leur cause d'appel.
Il a semblé très bon et bel
A messieurs les reformateurs
Des barbuz, et leurs correcteurs,
D'avoir un tel édict donné.

Tout premier ilz ont condamné
Tous barbuz à estre esbarbez,
Barbariquement desbarbez,
Sans que nul s'ose rebarber,
Ne soy mocquer, ne soy gaber,
Sur peine d'estre par adveu

---

1. Venant du Tartare ou de Tartarie.

Flamboyé d'un flambeau de feu,
Pour leur brusler menton et barbe,
Si vivement que la reubarbe
N'aura en ce lieu nul effect
De les secourir par son faict.

Or, quant aux laboureux des champs,
Vignerons, bourgeois et marchans,
Et ces gros villains paysants,
Leurs barbes seront bien duisants,
Avec celles des escolliers,
A rembourer batz et colliers.

Clercz du palais, bazochiens,
Pour faire des couples [1] aux chiens,
Leur barbe sera bien propice ;
Car il n'est gendarmerie que de riste
Pour bien chasser, encore mieux prendre [2].

Les gendarmes pourront bien vendre
La leur, puis que plus ne leur sert,
Ou la jeter dans un desert,
Dessus les hayes et buissons,
A celle fin que les pinsons,
Les fauvettes et les verdières,
Trouvent sur le lieu les matières
Pour faire leurs nidz à plaisir.
Les cordonniers pourront choisir
Des barbes les poilz [les] plus gros
Pour attacher à leur chegros [3]

1. Attaches pour lier les chiens deux à deux.
2. Ces cinq vers manquent dans l'édition de Costé.
3. Le gros fil des cordonniers. (Cotgrave.) On l'a depuis appelé *fil gros*.

Les barbes de ces chaimans[1],
Des enchanteurs et telles gens
Ne serviront à maistre nul[2]
Sinon que pour torcher le cul.
Quant à ceux qui ont faict leur vœu,
Il leur est permis par adveu
De porter barbes, comme hermites,
Chartreux, convers, anachorites.
Les grands seigneurs d'authorité
Auront aussi la liberté
De la porter selon leur guise,
Pourveu qu'elle ne soit trop exquise,
Fuyantz la curiosité
Et tenantz mediocrité ;
Car ceux qui en sont curieux
Deviennent souvent glorieux,
Tellement qu'on voit un chetif
Autant ou plus rebarbatif
Que ne sera un gentilhomme.
  Or, voylà l'ordonnance en somme
Touchant l'affaire des barbuz.
Donc, pour oster un tel abuz,
Amy barbu, je te conseille
Que plus en ce cas ne sommeille.
Mais, pour éviter le flambeau,

---

1. Caimans, mendiants. Le mot est resté dans notre mot vulgaire *quémandeur*.

2. L'édition de Louis Costé a autrement ces deux vers :

> Les barbes de prothonotaires,
> Des chicaneurs et des dataires,
> Ne serviront à mettre nul...

Rase ta barbe bien et beau,
Et ne te fie en la barbière
Qu'elle ne coppe ton herbière;
Mais fay-toy plus tost barbayer
A un gentil joly barbier,
Qui t'esjouist en barbayant,
Te faisant du tout oubliant
Ton dueil et ta melancholie.

   C'est donc une grande folie
D'estimer un homme à sa barbe,
Car bien souvent la belle gerbe
Est sans grain et [ce] n'est que paille;
Un barbu ce n'est rien qui vaille
S'il n'a courage à l'advenant.

   Je dis donc, quant au remanant[1],
Qu'il fait bon sortir de la case
Le pied ferrat, la barbe rase.

SONNET.

Alexandre le Grand, cuidant venger le tort
Que le Persien avoit faict au Macedonien,
Desirant de combattre au pays Ajozzien
Le grand roy Darius d'un furieux effort,

Encore qu'il se veist en [un] nombre moins fort
Pour attaquer [alors] un si grand terrien,
Resolu toutesfoys, ne luy restant plus rien
Que proposer aux siens la glorieuse mort,

1. Au reste.
2. Ces deux sonnets manquent dans l'édition de Louis Costé.

Disposant lors de tout, il vit la barbe grande,
Dont [à] chascun soldat incontinent commande
Qu'il eust soudainement à la faire couper,

De peur, quand ils seroient tous prests de [se] com-
Et le droict entre eux furieusement combattre, [battre
Ne s'y laissassent lors à l'ennemy happer.

Aultre Sonnet.

La barbe ne rend pas tousjours l'homme admirable,
Et si ne faict non plus que l'homme soit posé;
Par la barbe on congnoist ou qui est disposé
A la vertu qui rend un loz esmerveillable.

Ceux que Lacedemon pensoit fermes et stables
Estoient ceux qui portoient, avec un pas posé,
Une barbe fort longue, et qui avoient ozé
Deffier de la mort le sort inevitable.

Comme la barbe longue demonstre gravité,
Delaisser le mensonge, suivre la verité,
Par laquelle on cognoist un homme fort constant,

Aussi ne sied-il pas porter barbe attiffée
Ny de façon bigearre, de çà, de là biffée;
Car par là on cognoist que l'homme est inconstant.

J. B.

La reformation des tavernes et destruction de Gormandise, en forme de dialogue[1].

Qui en vouldra si se transporte
Devant le Palays la grand porte.

GORMANDISE *commence.*

Pour tousjours nostre train tenir,
De bons vins fault habondamment,
Tavernes et jeux maintenir,
L'un et l'autre entretenir
Pour avoir de gens largement
Et tousjours vendre chèrement,

1. Cette pièce, indiquée par M. Brunet d'après l'exemplaire de M. Cigongne, est un in-8 goth. de 4 ff. à 28 lignes par page. Au titre, un grand bois carré avec d'élégantes colonnes sur le côté; en haut, des têtes de chérubins tenant des guirlandes, et au bas, sur une banderole, NASCI LABORARE MORI. Le bois, qui est signé d'une petite croix de Lorraine, est évidé pour servir de passe-partout, et le milieu en est occupé par un petit bois d'un homme et de trois femmes assis à table et servis par un jeune garçon.

A cela fault que l'on procure ;
Il n'y a plus beau train qu'usure.

BLASPHÈME.

C'est bien dit, mère Gormandise ;
Car usure donne richesse ;
Puis Blasphème erreur attise ;
C'est moy qu'en porte la devise,
Tant de suppostz je vous adresse
Des tavernes ; estes maistresse
De conduyre journellement
Plusieurs ames à damnement.

PAILLARDISE.

Gormandise, tant que vivray,
Et Blasphème, de bon courage
Aux tavernes vous serviray,
Et tant de suppostz destruyray,
Hommes, femmes et leur mesnage
Feray manger ; il n'y a gaige,
Maisons, terre, possessions ;
Je mays tout à destruction.

GORMANDISE.

Toutes friandises fault avoir
Et servir les gens à plaisir ;
Aux tavernes face debvoir
Pour amasser force avoir ;
Chascun pense à son desir
Ça et là les bons vins saisir,
Et les bledz ; ce que coustera,
On sçait bien qu'il le payera.

Le Fol.

Si le peuple a quelque indigence
La taverne en est la cause ;
Blasphème, Folle Accoustumance,
Paillardise et Trop-de-despence
Font que son bien à mal expose ;
Son malheur à ce le dispose
Et le conduit à pauvreté ;
Chascun en voy[t] la verité.

Les Enfans.

Helas ! la grand necessité
Que nous souffrons à la maison,
La faim, le froit, calamité,
Et toute autre adversité,
D'où vient tout cela, nostre mère ?
Ci Dieu ne pense de l'affaire,
Tout yra mal, j'en suis certain,
Car nous mourrons de malle faim.

La Femme.

Pauvre peuple, sur toy regarde,
Sur moy aussi semblablement ;
De tes enfans doys prendre garde,
La taverne trop les retarde ;
Donne-leur vie, ou autrement
Tu les verras piteusement.
Pour la faim à la mort passer :
Selon Dieu tu y doys penser.

Le Peuple.

Je ne sçais d'où me peult venir
Cela que je ne puis rien faire ;

Nuict et jour me sentz survenir
Tant d'affaires qu'à l'advenir
Sera pitié de mon affaire ;
De malheur ne me puis deffaire ;
Petit-Proffit, Trop-de-Despence
M'ont fait tumber en indigence [1].

CORRECTION.

Par taverne et train malheureux
Plusieurs sont en necessité
Et pauvres enfans doloreux
Sont nudz, et le froid rigoureux
Les tient en grant captivité.
Justice, et vous, Verité,
Il faut dechasser ce malheur ;
Lors le peuple aura honneur.

VERITÉ.

Dame Justice, pour regir les humains
Vous est la terre de tous léz descouverte,
Gardez le peuple de ces maulx inhumains ;
De Dieu tenez l'espée entre les mains ;
C'est à vous [à] congnoistre gaing ou perte ;
La puissance de Dieu vous est ouverte ;
Voyez le peuple, il a necessité ;
C'est à vous seul juger en verité.

CORRECTION.

Tant d[e] enfans pour ce maudit affaire
Ont dissipé leur avoir et substance ;
Un enfant fait tout ainsi qu'il voit faire ;

1. Imp. : diligence.

C'est au père donner bon exemplaire,
Aymer sa femme, vivre en patience,
Tenir enfans en bonne ordonnance ;
De taverner, jouer ou paillarder,
Voicy le temps qu'il se fault amender.

LE BRAS DEXTRE.

Tant que Blasphème entre humains sera
Et la taverne tiendra maison ouverte,
Inconvenient, scandalle on verra ;
Monopolle, famine regnera,
Erreur publique et luxure aperte ;
Le pauvre peuple en pauvreté et perte
En son mesnage vivra piteusement ;
Il fault vivre au monde justement.

JUSTICE.

Le Souverain m'a puissance donnée
Pour maintenir équité et police ;
Par hault pouvoir à ce suis ordonnée
Pour dissiper et dechasser tout vice ;
En la terre je suis nommée Justice ;
A un chascun la raison je doibs faire,
Et corriger tout abus et malice
Et sur le peuple penser de son affaire.

Pour tant que voy qui luy est necessaire
De le tenir tousjours en liberté,
Ces lieux publics, où se souloit retrayre,
Veulx reformer de mon auctorité ;
Despendu a maint hyver et esté
Es tavernes son bien et sa substance ;

Moy, qui congnois du tout la verité,
D'y plus aller luy en fais la deffence.

En sa maison fera sa demeurance ;
De son labeur ses enfans nourrira
Et de tout bien il aura abondance ;
Par ce moyen la cherté cessera ;
Cela à l'œil un chascun veoir pourra ;
Quand on vivra selon Dieu et raison
Et que taverne le peuple laissera,
Il se verra de tous biens à foyson.

Servir fault Dieu en temps et [en] saison
Et delaisser tavernes et Gormandise,
Après, chasser Erreur de sa maison
Et eviter surtout la Paillardise,
Et Monopolle, qui Charité desprise ;
Un chascun note et retienne mes dictz ;
Par ce moyen aura, je vous advise,
Des biens au monde et en fin paradis.

Le Dyable.

Haro, grand maistre Lucifer,
Satan et tous dyables maudictz ;
Venez, venez, sortez d'enfer ;
Apportez vos grands crocs de fer ;
Courez pour entendre à mes ditz ;
De tous poincts sommes interditz ;
Nous perdons nos plus belles roses
Puis que les tavernes sont closes.

Puis que les tavernes sont closes,
Nous sommes du tout mis au bas ;

O qu'enfer verra de grand choses
Puis que les tavernes sont closes !
Noyses cesseront et debas ;
Dyables ont perdu leurs esbas ;
Puisque les tavernes sont closes,
Nous sommes du tout mis au bas.

Le Peuple.

Père éternel, de cœur devotement
Très humblement nous devons grace rendre.
Le petit peuple estoit piteusement
En grant danger d'avoir maulx largement,
Si sur son faict n'eussiez voulu entendre ;
Les gros larrons vouloient entreprendre,
Soubz la couleur de taverne damnable,
Le rendre enfin par cherté miserable.

Vous qui tenez la voye et verité,
Et qui aux pauvres avez donné paissance
Par sa justice le peuple est visité,
Tant que malheur a de luy dejetté,
Berlans [et] jeux, taverne et insolence ;
Le peuple vit dessoubs vostre asseurance ;
Vous rendant grace, hault seigneur très parfaict,
De ce grand bien que vous luy avez faict.

Fin de la Reformation des tavernes.

A Paris,
Par Guillaume Nyverd, imprimeur.

*La Plaincte du Commun contre les boulengers
et ces brouillons taverniers ou cabaretiez
et autres, avec la desesperance des usuriers* [1].

Qui en vouldra si se transporte
Devant le Palays la grand porte.

*Plaintes contre (les) boulangiers
Et ses brouillons taverniers.*

Quand le Commun si se fust advisé,
De là se part bien tost sans plus songer,
Et print en luy fort grant soucy et cure
De rencontrer l'abitacle d'Usure :
Car de maisons a une legion.
Il la cherche en la religion

[1]. Cette pièce, qui accompagne la précédente, lui est tout à fait semblable comme impression. Elle a de même 4 ff. in-8 et 28 lignes à la page. Au titre, le bois d'un homme tenant par l'anse un grand pot à couvercle et offrant une sorte de tasse à un autre homme ; dans le fond, des maisons, et, à côté de la porte de l'une d'elles, un grand arbuste dans un pot en forme de marmite.

De ceulx yla qui ont laissé pourrir
Leurs bledz puans ès greniers et perir.
La trouva-il en pays fort estrangiers?
Croyez que non : car chez les boulangers
Il la trouva qu'elle faisoit la traphicque
Du pain sans poys, et gardoit la boutique,
Dont, puis huyt ans, la pauvre miserable
Fut contraincte faire amende honorable;
Car d'usure un chascun congnoit bien
Qu'à nul vivant jamais il n'en vint bien.
Je m'enquerrois voulontiers aux devins
Si la trouve chez les marchans de vins;
Pour tout certain, là dedens el brouilloit
Pesle mesle les vins, et barbouilloit
Une bessière [1] ou une reversure [2]
Et des esgoutz [3] : voila le train d'Usure.
Que roide Mort luy saisisse le cueur,
Qui barbouille si humaine liqueur
Comme le vin, et teigneux puisse-il estre
Qui brouille, soit ou valet ou [bien] maistre !
Il la trouva en l'estat de l'Eglise,
Par symonie, en train de marchandise,
Et y estoit benignement nourrie
Sous un auvent couvert de tromperie.

1. *Bessière*, c'est-à-dire la lie. Cf. Cotgrave, *ad verbum*.
2. Reversure ou reversailles, c'est, dit Cotgrave, ce qui a été laissé au fond des verres et que l'on reverse ensemble dans un pot pour le donner aux domestiques.
3. C'est ce qu'on appelle encore aujourd'hui les *égouttures*. On désigne aussi sous le nom de *baquetures* le vin qui s'écoule d'une pièce en perce et qu'on recueille dans un baquet.

Et, quand Commun la vist, de prime face
Il la congneut à son train et sa face,
Comme el sortoit de ses greniers et cave ;
Car Usure est une grand' femme have,
Qui tous les jours son cueur affondre et noye
En un desir d'avoir or et monnoye ;
Elle a bahuz plains d'argent autour d'elle,
Des saczs ès mains, et, pour toute sequelle,
La meschante, en toute place et lieu,
Ayme l'argent la moytié plus que Dieu,
Et seroit fort difficile d'escripre
Le faict d'Usure à qui le veult descripre.
Lors le Commun, sans plus oultre s'enquerre,
La salua ainsi de par la Terre.

  Le Commun, *parlant à Usure.*
« Cinocephale, vieille ydre mammelue,
Monstre horrible, confit en tout malheur,
Tygre cruel, ourse infecte et velue,
Lyon rongeant, love prinse en chaleur,
Mourir te fault maintenant de douleur
Et t'en aller avec les ennemis :
Car ma mère la Terre m'a promis
De me donner des biens à suffisance ;
A tes subjectz de dire suis commis :
Faulx usuriers, c'est vostre des(es)perance.

« Faulx usuriers ont faict vendre le pain
Plus de dix deniers, contre toute équité,
Boyre du vin pousif[1] à un douzain ;

---

1. Sans doute ce qu'on appelle encore du vin *poussé*, c'est-à-dire du vin gâté par une chaleur qui l'a fait fermenter hors de saison.

Par larrecin et leur iniquité,
Ilz m'ont tenu en grand perplexité;
Je les doibs donc haïr jusque à la mort;
Sur moy ilz ont faict un terrible effort;
Sur le commun ilz ont faict leur avance,
Par quoy je dis pour tout leur deconfort :
Faulx usuriers, c'est vostre des(es)perance.

« Par usuriers j'ay esté mis si bas
Que je n'avoys de pain un seul morceau,
Et me faloit alors pour tous esbas
Boyre vin vieux meslé avec (le) nouveau.
Maint usurier, plus remply qu'un pourceau,
Larron, pillart, estoit sis à sa table,
Sans nul pitié du Commun son semblable,
Qu'il cognoissoit estre en dure souffrance;
Mais ceste année la terre est prouffitable :
Faulx usuriers, c'est vostre des(es)perance.

« Prince des cieulx, fais que usuriers maulditz
Soient de tous biens chassez et interditz,
Si que leur corps soit en male meschance,
Comme enragez, assotez, estourditz,
De mort soubdain soiez-vous allourditz :
Faulx usuriers, c'est vostre des(es)perance. »

L'Acteur.

Quand Usure, l'orde, vieille, punaise,
Ouyt Commun, elle fut aussi aise
Comme une chienne de rage furieuse,
Louvatine, qui est par force née,
Et, tout ainsi qu'une cruelle beste,
El fist rouiller ses deux yeulx en sa teste,

Griche les dentz et pallist sa couleur,
Noircist ses lippes de despit et douleur,
Et lors se print de tous pointz à tremblez
D'ouyr parler des vins, aussi des bledz,
Et commença soubdain à reclamer
Tous les dyables de l'air et de la mer,
Don[t] elle, plaine de celle desplaisance,
Causa sa mort et sa desesperance,
Et fut son dit furieux et mortel,
Par telz dictons et quasi tout itel.

Le dicton de Desesperance.

« Au lac puant des eaues sulfurines,
Où Cerberus, le chien tricapité [1],
De son abboy et puantes narines
Tient les mauvais en sa captivité,
Où fut Sathan le malheureux gecté,
Et englouty avecq[ues] Abiron [2],
Au grand torrent de Stix ou d'Acheron,
A toute horreur à jamais asservie,
Par la nasselle du nautonier Caron,
Plonger m'en vois, en despit de ma vie.

« Toy, Aleto, Tisiphone et Megère,
Cachez mon corps en feu soubz Flegeton,
Que Radamante et que Minos se ingère
De me faire mon procès et dicton,
Et puis après, que le cruel Pluton
Me trainne par les [très] infectz palus,
Esquelz languist le meschant Tantalus,

1. A trois têtes.
2. Nombres, chap. 16.

Si que je sois de douleur assouvie;
Avec monstres et serpentins velus,
Plonger m'en vois au despit de ma vie.

« Stimphalides [1], et vous, Harpies cruelles,
De voz aisles venez-moy assumer [2];
Brontez [3], Vulcain, dressez les estincelles
De voz fourneaulx pour tout me consummer;
Toy, mont d'Ethena, viens mon cueur enfumer;
Vous, Centaures cruelz et inhumains,
Et Sabarins [4], mettez-cy tous les mains;
Hippotaires [5], tost que je sois servie;
Avec[ques] vous, maugré tous les humains,
Plonger m'en vois, en despit de ma vie.

« Prince maudit, du tenebreux horage,
En pleurs et plains, en furieuse rage,

1. Les oiseaux du lac Stymphale, en Arcadie, détruits par les flèches d'Hercule.
2. Imp. : assouvir. Assumer, de *assumere*, est commandé par la rime : Venez m'enlever sur vos ailes.
3. Ferrum exercebant vasto Cyclopes in antro, [mon.
   Brontesque, Steropesque, et nudus membra Pyrac-
   (*Æn.*, lib. 8, vers. 424-5.)
4. Bacchus s'appeloit aussi Sabasius. Peut-être notre auteur avoit-il fait le mot Sabazins, qui prennent part aux Sabasies, aux orgies des fêtes de Bacchus.
5. A prendre le mot tel qu'il est, il pourroit venir de ἵππος, cheval, et de θῆρα, bête féroce. Ce seroient alors des chevaux férocés, et les chevaux de Diomède, le roi de Thrace, qu'il nourrissoit de chair humaine et qui finirent par le dévorer, ne répondroient pas mal à cette qualification.

Par la fouldre fais que je soye ravie ;
En ton gouffre et ta puente cage,
Pour te faire mon dernier hommage,
Plonger m'en vois, en despit de ma vie. »

L'Acteur.

Quand Usure, la meschante damnée,
Sa des(es)perance eut par telz motz finée,
La terre adonc se despart comme un gouffre
Et l'engloutist en feu de puant souffre ;
Mais en tumbant el fist un cry et son
Si fort hideux et de tel[le] façon
Que les quatre elements en tremblèrent,
Et a peu près quasi ne s'assemblèrent
En un chaos ancien et terrestre
Que tout cuida encor un coup terre estre.
C'est d'Usure le dernier refuge,
Plus à craindre que n'est le grand deluge.
Bonne-Saison, du Commun grand' amye,
Avoit esté par Usure endormie,
Et s'esveilla alors d'ouyr tel son ;
Print sa hache et sceptre en escusson ;
Puis s'enquesta d'où vient ceste pressure.
On luy respond lors que c'estoit Usure,
Laquelle estoit, par la grand desplaisance,
Des biens de terre cheute en desesperance.
Bonne-Saison, fort joyeuse du faict,
Vint veoir le lieu où tout le cas fut fait,
Où elle cotta, sans tumbe(r) ou cenotaphe,
Sur la terre Usure en epitaphe.

L'épitaphe faicte par Bonne-Saison
A Usure, qui est contre Dieu et raison.

En ce gouffre, terrestre ouverture,
Est abismée l'orde, infecte Usure,
Au puys de pleurs et tenebreux Avernes,
Es horribles et profundes cavernes
Où à jamais elle a sa sepulture.
Desesperance luy a faict la morsure
Dont de despit el a print la mort seure
En se donnant ès abismes cisternes.
Chacun congnoit et dit [que] c'est droicture :
Car Usure est contraire à Nature,
En bledz, en vins, en ventes et tavernes,
Et se cache maintenant ès poternes
Des bas enfers pour toute nourriture.

L'Acteur.

Bonne-Saison adoncq[ues] fist depart
Soubdainement, et de là se depart,
Et de tous biens n'en demande plus qu'un :
C'est qu'elle soit joincte avec le Commun,
Et luy à elle, tous deux en une place
Avec les hommes. Dieu le doint par sa grace.
Ainsi soit-il.

Fin.

A Paris,
Par Guillaume Nyverd, imprimeur.

La Doctrine du père au fils [1].

Mon enfant, se tu veux bien vivre
En ce monde honnestement,
Retiens en ton entendement
Ce qui est en ce petit livre.

Mon enfant, tout premièrement
Tu dois, pour le mieulx te chevir,
Aymer tousjours Dieu et servir,
Et garder son commandement.

Mon enfant, croy très fermement,
Les douze articles de la foy
Que les apotres de la loy
Firent pour nostre saulvement.

Mon enfant, premier tu dois croire,
Sans doubter en dit ne en fait,
En Dieu puissant, qui a tout fait
Et créé le ciel et la terre.

---

[1]. Cette pièce est un in-4 gothique de 4 ff., à 30 lignes à la page. Le titre porte au recto la marque de Pierre Maréchal et Barnabé Chaussard. Le dernier verso est blanc. J'en connois chez M. Cigongne une autre édition, in-8 goth., s. t., de 4 ff. de 23 lignes à la page.

La Doctrine du Père au Fils.

Mon enfant, croy que Jesucrist
Est né de la vierge Marie
Sans avoir d'homme compagnie,
Et conçeu du Saint-Esperit.

Mon enfant, croy que celluy, homme
Et vray Dieu, souffrit passion
Pour oster de dampnation
L'homme qui mordit en la pomme.

Mon enfant, croy qu'il souffrit mort
En croix pour humaine nature,
Et puis fut mis en sepulture,
Luy qui de tous estoit plus fort.

Mon enfant, croy sans difference
Que le tiers jour resuscita,
Puis de la terre ès cieulx monta
Avecques la divine essence.

Mon enfant, croy qu'il reviendra
Sur la terre encore une foys
Pour juger les bons et maulvais;
Pour tant, face bien qui vouldra.

Mon enfant, sans nulle replique,
Tu dois croire parfaictement
Tout ce que croit entierement
La saincte Eglise catholique.

Mon enfant, n'employe tes cinq sens
De nature que Dieu te donne
En aulcune œuvre, s'elle n'est bonne,
En fais honnestes et de sens.

Mon enfant, regarde en pitié
De tes yeulx les membres de Dieu,

Et les conforte en chascun lieu
Où tu seras par amytié.

Mon enfant, employe ton ouye
A escouter sainctes parolles,
Et non pas celles qui sont folles,
Car c'est peché et villennie.

Mon enfant, n'abuse jamais
Ton cueur en ces orduremens
Mondains, qui sont abusemens
Et sont incontinent passez.

Mon enfant, au goust de ta bouche
Ne pense trop, car c'est grand vice;
Le corps ne quiert que delice,
Par quoy l'âme souffre reprouche.

Mon enfant, ne fais de tes mains
Fol atouchement qui puist estre,
Et ne frappe ne clerc ne prestre;
Garde tes piedz ne plus ne moins.

Mon enfant, s'il te venoit mieulx
En biens et en proprieté
Qu'aux autres, tiens humilité
Et n'en soyez point orgueilleux.

Mon enfant, evitte avarice,
Ire, paresse et envie,
Luxure et aussi glotonnie,
Affin que Dieu te soit propice.

Mon enfant, tu dois revestir
Les despouillez mal assortez,
Conforter les desconfortez,
Et les non sçavans avertir.

DU PÈRE AU FILS.

Mon enfant, en misericorde
Conforte vefves, orphelins,
Aberges[1] povres pelerins,
Et des malades te recorde.

Mon enfant, croy tant seullement
Ung Dieu que tu dois honnourer;
Sans le jurer ne parjurer,
Garde ses festes sainctement.

Mon enfant, ton père et ta mère
Honnoure, tu feras que saige;
Ne porte point faulx temoignaige,
Et te garde de meurtre faire.

Mon enfant, fuy tout larrecin,
Car il fait mourir corps et ame;
Et ne desire point la femme
Ou la fille de ton voisin.

Mon enfant, se Dieu te doint grace
De prendre quelque sacrement,
Gouverne-toy si saigement
Comme l'Eglise veult qu'on face.

Mon enfant, se tu es d'eglise,
Prestre, evesque ou religieux,
Garde que tu ne froisses les veux
De l'ordre que tu auras prise.

Mon enfant, se tu veulx avoir
Femme par nom de mariage,
Ne croy pas à ton seul courage;
A tes amys fais le sçavoir.

---

1. Héberger, de *albergare*.

Mon enfant, ne joue point aux jeux
Hasardeux, maulvais, decepvables,
Comme de cartes ou de tables,
Car certes ilz sont perilleux.

Mon enfant, ne croy folles femmes.
Car ce n'est que deception ;
Laisse leur conversation,
Ou autrement tu te diffames.

Mon enfant, se tu vois discord
Entre deux gens, comment qu'il voise,
Ne vueilles pas croistre leur noise ;
Mais, si tu peux, metz-les d'accord.

Mon enfant, se Dieu t'abandonne
De ses biens, tu en dois donner
Aux povres et abandonner
En son nom, puisqu'il les te donne.

Mon enfant, tu dois procurer
Des biens pour ta provision,
Sans penser à succession
D'aultruy ; nul n'y doit esperer.

Mon enfant, ne soyes abondant
En languaiges folz et villains,
Mais plustost ta langue refrains :
Le trop parler est desplaisant.

Mon enfant, ne soyes menteur,
Ne raporteur de faulx langaige,
En querant d'aultruy le dommage :
L'on hayt ung maulvais rapporteur.

Mon enfant, frequente souvent
Les bonnes conversations,

L'eglise et predications :
Prisé en seras grandement.

Mon enfant, se les trespassez
Pour toy ont acquis biens terrestres,
Fais pour eulx Dieu prier les prestres,
Et qu'ilz ne soyent delaissez.

Mon enfant, porte reverence
A moindre de toy, ou greigneur,
Soit marchant, bourgeois ou seigneur;
En ce verra l'on ta prudence.

Mon enfant, croy à tes amys,
En tout cela qu'ilz te diront;
Car rien ne te conseilleront
Par quoy puisses estre bas mys.

Mon enfant, ayes en memoire,
Des biens que tu as en ce monde,
Quelque fortune qui habonde,
Remercier le roy de gloire.

Ballade.

Mon enfant, soyés devocieux,
Humble, begnin en tous tes fais,
Loyal, honneste, gratieux,
Et par ainsi tu te parfais ;
De tous les biens que Dieu t'a fais
Louer le dois comme puissant
Par qui sommes fais et defais :
Ainsi dois vivre, mon enfant.

Mon enfant, vueilles recueillir
Ces règles mises en francoys;

Ainsi ne pourras-tu faillir
A bien vivre comme tu dois;
Remonstre aux aultres, si tu scès;
Tu y es obligé pour tant
Que tu l'entens et le congnois:
Ainsi dois vivre, mon enfant.

Mon enfant, se tu te veulx mettre
Soubz autre que toy, moindre ou digne,
Du tout à l'un te dois soubmettre,
Puisque te monstre sa doctrine,
Et recepvoir sa discipline,
S'il te trouve en mal faisant;
C'est pour ton bien, et l'ymagine.
Ainsi dois vivre, mon enfant.

Mon enfant, ayme[1] par surtout,
Sers Dieu, tant que tu es vivant,
Qui tout nous donne et tout nous toult.
Ainsi dois vivre, mon enfant.

Finis.

1. Ed. in-8 : Mon enfant prince.

Monologue nouveau et fort joyeulx de la Chamberière desproveue du mal d'amours[1].

Seulle, esgarée de tout joyeux plaisir,
Dire me puis en amours maleureuse;
Au lit d'ennuy il me convient gesir
Sur l'oreiller de vie langoureuse;
*Seulle, esgarée de tout joyeux plaisir
*Dire me puis en amours malheureuse.

---

1. Cette pièce a eu deux éditions gothiques, qu'il nous a été donné de voir toutes deux chez M. Cigongne. La première (A) est in-8 de 4 ff. de 27 lignes. Au titre, un bois en hauteur, d'une femme debout, élégamment vêtue et tenant une fleur. Au recto du dernier feuillet, la grande fleur de lis florentine; au verso, deux petits bois, la sibylle Delphique et trois têtes grotesques. L'autre (B), qui a aussi 4 ff. in-8 de 24 lig. par page pleine, a le titre suivant : *Monologue nouveau fort joyeux de la chambrière despourveue du mal d'amour. Nouvellement imprimé à Paris.* Le bois du recto du titre offre l'homme en manteau parlant à un jeune homme en jaquette. Au verso du titre, deux fragments de bois en hauteur : d'un côté une maison, de l'autre une servante en tablier; au dessus de sa tête, une banderole sans inscription. — Une pièce du Recueil ms. du fonds La Vallière publié par MM. Le

Venus, la déesse joyeuse,
De qui je me tiens serviteure,
Serez-vous envers moi piteuse?
Faut-il qu'en cest estat je meure
Sans coup ferir? A! j'en suis seure,
Si de moy pitié vous n'avez,
De rechef fauldra que j'en pleure
Larmes dont j'ay les yeulx cavez.

O vivez, Cupido! vivez!
Et Venus, la noble deesse,
Et en mon secours arrivez;
Remettez mon cuer en liesse.
Il y a de la gentillesse
A moy, et cy a du courage;
Mais Fortune vers moy s'adresse
Qui me tourne son[1] faulx visage.

J'ay quinze ans, ce n'est que fleur d'age;
*Je suis sur la coupe de seize;
Je suis au peril d'une rage,
Ce de bref mon mal ne s'apaise.
On va, on vient, on touche, on baise,
On dit, on me corne à l'oreille,
*On couche de dix et de treize,
On fait de babiller merveille.

Roux de Lincy et Francisque Michel, *le Sermon joyeulx de la fille esgarée*, est notre pièce un peu remaniée. Sans s'apercevoir de la forme des strophes, on a retranché des vers que nous distinguerons par un astérisque, et on en a inséré d'autres, mais à rimes plates, qu'on verra en note.

1. Ed. Prévost : mon.

Mais nul quidam ne s'apareille
A me dire le mot du guet,
Veu qu'un pareil quiert sa pareille ;
Le tant attendre mal me faict ;
Voulentiers me misse en effect
(De) faire de mon cas ouverture
A quelque mignon, en effect [1],
Cy ne me tournast à injure.

Mais, par la marcy Dieu, j'en jure,
Quant j'en auray bien attendu,
Ung coup feray à l'adventure
Et en deust tout estre perdu.
Suis-je pas sus le hault verdu ?
Je ne suis point, midieux, fardée
De violettes ni de templettes [2].

J'ay, sans plus, blanches collerettes,
*Robes faictes en mesnagère,
Et tous beaulx abis et honnestes
Comme a simple chamberière,
Bonnes gestes, bonnes manières,
Ferme de rains [3], dure com(me ung) treste [4] ;
Mais, pour declarer la matière,
J'ay du jeu d'amer grant soufrete.

1. Ces deux vers manquent dans B et dans le *Sermon*.

2. *Templettes*, bandeaux ou rubans de tête ; aussi les bijoux pendants que les femmes se mettent sur la tête au moyen d'épingles piquées dans leurs cheveux. (Cotgrave.) Cette strophe est incomplète d'un vers.

3. A : riens.

4. B : tertre.

Au mieulx que je puis je m'apreste,
Desirant compaignie franchoise[1];
Mais nul l'oreille ne me preste
A mon desir, dont se me poise;
Cy vau-ge bien une bourjoise,
Par Dieu voire, une damoyselle,
Ou quelque fille villageoise
Refaicte comme une groyselle.

Je ne suis fière ne rebelle,
J'apette la doulce alliance [2];
Conclusion, la chose est telle,
Il n'est tresor que de plaisance.
Je passe temps, je ris, je danse [3]
En esté avec ces fillettes;
Mais onques n'eulz la jouyssance
De ce plaisant jeu d'amourettes.

Pour la crainte des eschoguettes [4]

---

1. Cotgrave catalogue l'expression et la traduit par *wenches*. On voit ici qu'elle s'appliquoit aux deux sexes.
2. A et le *Sermon* : aléance.
3. Le *Sermon* ajoute ici :

> Je devise avec les amoureulx,
> Cela me semble gracieulx,
> En noyant choses bien faictes
> Pour recreer les amourettes
> Avecques ses jeunes garsons
> Qui manyent nos tetons
> En devisant de toutes choses
> Et autres dont dire je n'oses,
> Et si souvent fort je m'avence
> A dancer de quelque dance ...

4. L'échauguette, c'est proprement la guérite de pierre

Et du dangier de Malle Bouche,
Mais cy ferai-je mes aprestes
D'en avoir quelque jour la touche ;
Jamais ne seray si farouche,
Ce quelque homme me vient à gré ;
L'escondirai-je pour une touche
A quelque cornet de degré [1] ?

A aultre chose n'ay regret ;
Crainte plus ne m'y surviendra [2]
Que je ne prenne bien en gré
Mon bien à l'heure qu'il viendra [3],
Puis quelque mignon surviendra
De village, ou varlet d'hostel,
Qui à espouse me prendra
Sans sçavoir que le cas soit tel.

Telle a mys cent foys le martel

au haut d'une tour ou d'un clocher, d'où la sentinelle ou le veilleur inspecte les environs. Par extension, c'est l'homme lui-même et tous ceux qui regardent ou qui épient.

1. Ibidem :

> Nennin, nennin ; si un me vient de cœur,
> Je le prendray comme amateur
> Amoureulx de jeune jeunesse
> A qui l'engin souvent se dresse.

2. Le *Sermon* : surprendra.
3. Ibidem :

> A quelque garçon qui ara
> Et me dira : Ma doulce amye,
> J'ay des biens, ne les espargnés mye,
> J'ay de l'or, j'ay de l'avoir
> Pour vostre amour recepvoir.

En vente et faict sa destinée
Dont on n'a poinct tenu fretel,
Qui a esté bien mariée.
Trouc avant, trouc, je suis sonée[1];
Pourtant, s'on l'a ung peu presté
Quant la chemise est abessée,
Il n'y pert qu'on (n')y ait esté;

Ains qu'il soit la sainct Jehan d'esté,
Au danger que la panche dresse,
Avec quelcun feray traicté[2]
Et d'amour je feray l'adresse.
Pour estre ung petit mise en presse
Je n'en seray que plus marchande.
Il convient acquitter jeunesse,
Car Venus le veult et commande[3].

Il y a mainte vieille mule
Mariée et à marier,
Qui n'en a point faict de scrupulle,
Ne l'empeschée de[4] harier.

---

1. B et le *Sermon* : louée.
2. A : tresté.
3. Le texte des deux éditions, tout d'une venue et en face duquel on ne pense, au premier abord, à aucune division de strophes, offre ici ce vers :

    Pour l'esguillon qui s'eveille,

qui n'a aucun rapport avec ce qui l'entoure, et paroît être le reste d'une strophe sautée à l'impression. Le *Sermon* le conserve, et, pour lui donner une rime, met *mule vieille*, de sorte que *scrupule* n'en a plus.
4. Imp. : ne.

DE LA CHAMBERIÈRE.

Et pour tant, sans plus en crier,
Je (le) feray, par saincte Marie,
Aller, ce l'on me vient prier,
Le manche après la cougnie[1].

A qui trop attend il ennuie;
Qui n'a disné voulentiers soupe;
*Je suis doncques tentée, sur ma vie,
*De bouter le feu à l'estoupe;
On taille tant que l'on ce couppe;
On crie tant Nouel qui vient;
On faict souvent de pain blanc soupe;
On per[t] souvent ce que l'on tient;

Au bon joueur l'esteuf[2] luy vient;
Somme, je demeure obstinée
Que, ce la fortune me vient[3],
Je passeray ma destinée.
J'ay troys seurs; je suis la pisnée;
Chacun[e] a bien faict son debvoir,
Tant la moyenne que l'aynée;
Quant à moy, j'en ay le vouloir.

Mau gré ne me veuillés sçavoir
Si quelcun me vient à courage,
Que je ne prenne bon vouloir[4]
Laisser aller le chat au fourmage.
Yci feray fin de langage,
En vous faisant à tous prière

---

1. B : J'emmencheray la coignie.
2. A : lesteur. — Le *Sermon* : le tour.
3. Vers sauté dans B.
4. Les imp. et le *Sermon* : bien en gré.

Qu'il vous souviegne du courage
De la despourveue chamberière[1].

*On les vent à Lion, près les Halles,
par Pieres Prevost, et au palays,
à la galerie de la Chancellerie.*

Finis[2].

1. Ici le *Sermon* ajoute cinq vers :
    Pour mectre fin à la matière,
    Prenés garde tousjours à l'age
    De la fille bonne ouvrière.
    En prenant congé de ce lieu,
    En vous disant à tous : Adieu.

2. L'édition de Paris a seulement *Fin*.

*La Folye des Angloys, composée
par Maistre L. D.*[1]

Prologue de l'Acteur.

Alors que Herse[2] et ses heraulx privez
Vers les Angloys furent tous arrivez,
En desirant de les tenir en presse,
Ayant espoir de joye les privez,
Les fist partir et leur voye derivez
Pour hors leur pays prendre voye et adresse,
Cupidité soubdain leurs voilles dresse,
Oultre le gré de Neptune et les siens,
Les exhortant faire guerre et destresse
Sus le climat de France et sus ses biens.

1. Pièce gothique, in-8 de 8 ff. Au frontispice, un bois du roi de France à cheval, à la tête de son armée en marche. Elle doit être du temps de Louis XII, car on verra qu'il y est question d'une descente des Ecossois en Angleterre, ce qui se doit rapporter à la malheureuse expédition de Jacques IV, l'allié de la France, qui aboutit, le 9 septembre 1513, à la défaite de Flodden.

2. On a écrit au dessus, d'une écriture encore gothique : Arse.

Ilz ouvrirent le temple de Janus,
Puis sus la mer sont allez et venus
Pour cuyder prendre entrée dessus la terre;
En aucun lieu ilz se sont convenus,
Et incité ont jeunes et chanus
A susciter dessus France la guerre;
En Picardie, plus vite que tonnoire,
Se sont assis pour d'eulx estre abolye,
Par quoy ay prins chemin, sentier et erre,
Ramentevoir à chacun leur folye.

L'Acteur.

O gens felons, remplys de tout oultraige,
Qui tenemens d'autruy voullez avoir
Vostre cueur est forcené, plain de raige
D'avoir laissé vostre propre heritaige,
Pour conquester d'autruy bien et avoir;
Certainement il vous convient sçavoir
Qu'en ce faisant estes de grant reprise :
Fol est celuy qui faict folle entreprise.

Mais qui vous meut de vouloir entreprendre
Sans aucun droit dessus le Lys acquerre?
Bien incensez estes de faire apprendre
A gens ineptes la façon de descendre
Sus haulz princes et envahir leur terre;
Mais n'esse pas folye vouloir acquerre
Par dure guerre pays où om n'a rien?
Il doit suffire à ung chascun du sien.

Si de Nembrot voyez l'oultrecuydance,
Et la tinsiez bien ferme en vostre cueur,
Et prevoyez des Françoys la puissance,

Pas n'auriez trop grant resjouyssance,
Mais craindriez de choir en deshonneur;
Chacun de vous ayde estre rapineur
Sans pugny estre de son mal et folye:
Il n'est si hault monté qu'on n'humilie.

A tous princes nuyst par trop convoitise
Et par elle sont d'honneur abatus;
Septimulus[1] toujours avoit main mise
Sur autruy prendre, non craignant la reprise,
Par quoy perdit honneur, loz et vertus.
Ne sont-ce pas bien villains estatus,
Quant par folye on faict les gens mourir?
Prince ne doit à mal faire courir.

O felon roy! tu mauldiras l'emprise
Mil foys et ceux qui l'a t'ont faict emprendre;
Quant congnoistras de ton faict la mesprise
Et que seras des François en la prise,
Temps ne sera de ta leçon apprendre.
Tu es bien fol, se tu ne peulx comprendre
Que fol est cil qui fait follye nuysante :
Le trop gratter fait la playe cuisante.

De Romulus, roy latin, souvenance
Ayez, et d'il en ton cœur te recorde,
Qui si mauvais fut que par desreglance
A maint homme fist maint mal et oultrance
Et maint meurtre commit et maint discorde,

---

1. Sans doute Septimuleius, client des Gracques, qui, quand Caïus eut été tué, lui coupa la tête et la remplit de plomb fondu pour la rendre plus pesante. (*Val. Max.*, lib. 9, cap. 4, § 3.)

Sans que Dieu print de luy misericorde
Pour ses malfaictz, il fut pugny par fouldre.
Grant follye faict que biens d'aultruy veult touldre.

Saül, Pharès, Azael [1], Sedechie [2],
Sont vilement mors pour telles guerres faire;
Domitien, Julien, Aurelie [3],
Tibère, Amon [4], Jabin et Amasye [5],
Semblablement sont mors par leur forfaire;
Songe-tu point qu'on te puisse deffaire,
Et que ainsi comme iceulx ne prennes fin?
Fol est celuy qui de mal est affin.

Cuyderoys-tu bien surmonter la force
Des preux Françoys que onc nul ne surmonte?
Croyrois-tu bien leur pays gaigner à force,
Combien qu'ayes gendarmes par renforce?
Nenny, car nul jamais ne les dompta;
Nul, tant fut fort, par force ne monta
Sur leur puissance; aussi ne feras pas:
Necessaire est au fol briser le pas.

Ressembler veulx sans aucune doubtance
A Girion, le tyrant inhumain,
Qui aux Espaignes faisoit maulx à oultrance;
Mais Hercules, par sa force et vaillance,

1. Tué par Abner lorsque, après la mort de Saül, il vouloit s'opposer à ceux qui ne reconnoissoient pas David.
2. Sédécias, le dernier roi de Juda.
3. Peut-être l'empereur Aurélien.
4. Amon, roi de Juda, tué l'an 641 avant J.-C.
5. Amasis, roi d'Egypte, ou plutôt Amasias, qui accusa le prophète Amos et fut maudit par lui.

Le desconfist et le mist soubz sa main.
Pour les grans maulx que tu faitz soir et main,
Ainsi qu'il fist, te fauldra compte rendre :
Larrons ne quièrent à toute heure qu'à prendre.

D'avoir pillé maintes gens et deffaictz
Tu t'es admis, et destruire citez ;
Moustiers, eglises, monastères bien faitz,
Sont mis an bas et brulez par tes faitz,
Et par les tiens qu'à mal as incitez.
Par les François en serez tous citez,
Et vous fauldra du mal faict rendre compte :
Si sauvaige n'est que bien on ne dompte.

Sacrilèges as faitz et larcins maintes,
Depopulant du hault Dieu les maisons ;
Les reliquaires de corps sainctz et de sainctes
As fait ravir, dont par l'air maintes plaintes
Sont dessus toy faictes par desraisons ;
En plusieurs lieux sont laissées oraisons
De gens de biens pour tort que leur as faict :
Les larrons sont pugniz pour leur malfaict.

Pugny seras enfin, sans faulte nulle,
Et t'y atens, et pour certain t'en tiens ;
Car cil qui biens oultre droict accumulle,
De son salut et sauvement reculle,
Et en fin meurt indigent de tous biens ;
Or, pour certes, toy et trestous les tiens
Serez navrez et griefvement pugniz :
Les jours de l'homme ne sont pas tous unitz.

Alexandre, qui tant de biens conquist,
Et Herode, qui les vaisseaux du temple
Print et ravit, et Pharaon qui acquist

Mainte terre et maint prince deffist,
Sont-ilz point mors? tous leurs faits bien contemple,
D'autres plusieurs puis voir mainte histoire ample,
Mais toutesfoys enfin Dieu les pugnist :
Fol est celuy qui de mal se mugnit.

Or à cel fin que tu mouilles tes mains
En tout vice, en maculle et ordure,
Tu entreprins guerre sur les humains,
Dont sont navrez, tant d'autruy que tiens, maintz,
Et les autres passez par la mort dure;
Ce temps pendant qu'à force ton or dure,
Tu fais des maulx; mais tost sera passé :
Ung pot de terre est bien souldain cassé.

On t'a tenu en aboy aucuns temps,
Pource qu'estois d'argent trop emplumé;
Et les Françoys ont esté bien contens
De te laisser despenser tes contens,
Affin que fusses ung petit desplumé;
Par folye tu fuz trop allumé,
Quant tu te vins dessus France combattre :
De peu de pluye on voit grant vent abatre.

Deffait feusses, si le très chrestien
Roy eut voulu sus toy lascher les armes,
Et si fusses tenu en tel lyen
Que trouvé n'usses nulle voye ou moyen
Que mort ne fusses sans faire grans alarmes.
Or om t'a tins affin que les gendarmes
D'Ecosse et France allassent ton pays prendre :
Qui faict folye est granment à reprendre.

Si différé on (n')a aucune espace
Ruer sur toy et te faire la guerre,

C'est pource que ta terre, qui est grace,
Fust amesgrie, et qu'ung aultre en ta place
Se allast mettre, et ton pays conquerre;
Jà tu scés bien, sans nullement t'enquerre,
Comme Escosse rue sur toy sans faillir :
Reculler fault pour plus avant saillir.

De brief viendra que, pour les grans discords
Que tu as faiz, que tu seras desmis
De ton royaulme et par piteux records,
Au grant travail et sueur de ton corps,
Ton pain querras entre tes ennemys ;
De toy nul compte ne feront tes amys
Ne que d'un chien ou charongne pourrye :
Peché esmeut chair qui est trop nourrye.

Du roy Cyrus, je te pry, te souvienne
Et comme il fut par Thamaris[1] deffaict ;
Son piteux cas tost devant tes yeux vienne,
Avant que pire il te prenne ou advienne,
Et y prens garde et regarde à ton faict ;
Combien qu'en force tu te cuydes parfaict,
Si n'es-tu pas encor des plus rusez :
Par orgueil sont maintes gens abusez.

Mais qui te meut de telle folye faire,
Ne quel conseil prins-tu dedens ta teste?
Com pourras-tu tous les maulx satisfaire
Que tu commetz? Regarde à ton affaire,
Car plus fol es que n'est la brutte beste ;
Long temps tu fus à faire ton apreste

---

[1]. Le poëte veut dire Thomiris.

De faire ce dont te fault repentir :
Fol est celuy qui mal veult consentir.

O povre fol ! tandis qu'avois honneur
Et que estoyes bien prisé et famé,
Tu te devois tenir en ton bon heur,
Sans que tumbasses à honte et deshonneur,
Et que tu fusses en tous lieux diffamé.
Tu as esté de maint seigneur aymé ;
Mais maintenant tu es en hayne mys :
Gens miserables treuvent bien peu d'amys.

Si aux histoires tu veulx prendre ton somme,
Et qu'en icelles tu vueilles regarder,
Tu trouveras comment Tarquin de Romme
Fut degetté pour pechez grande somme
Qu'avoit commis sans se contregarder ;
Bien difficile te sera d'evader
Que comme lui ne sois mis en exil :
Bon faict fuir ung dangereux peril.

Si à plus fort que soy om se veult prendre,
Jamais n'en peult que sa perte ensuyvir.
Ganimèdes ceci nous faict apprendre
Qui, par trop fort se meffaire ou mesprendre,
Voulut Phebus par force aconsuyvir ;
Mais de si près Phebus le voult suyvir
Q'en peu d'espace luy fit perdre la vie :
Qui à son maistre se prent, il faict folye[1].

Penses-tu bien que toy, qui prens la voye
De batailler à ton seigneur et maistre,

---

1. Ganymède, dans la mythologie, n'est que l'échan-

Que tout malheur soubdain ne te desvoye,
Et Fortune, qui malheureux convoye,
Comme une beste te fera l'herbe paistre ;
Si fera certes, et n'as chasteau ny estre
Que plus puissant que toy ne mette à bas :
A gens puissans n'est bon prendre debatz.

Or, songe ung peu comme delà les mons
Plusieurs a faict ployer dessoubz sa main,
Dont des aucuns tu sçès assez les noms
Que à ta folye acomplir as semons ;
De ce chacun est sçavant et certain ;
Mais comme à ceulx plus tost huy que demain
Est advenu, saiches qu'il t'aviendra :
Tel sur autruy prent que rendre viendra.

Le hault seigneur sur lequel guerre maines,
Qui t'est folye et dont es à blasmer,
Est si puissant que dedans trois sepmaines
Conquesteroit tes manoirs et demaines,
S'il et les siens vouloient passer la mer.
Il t'a laissé faire ; mais très amer
L'achapteras, et asseuré t'en tiens :
Larrons cherchent tousjours d'autruy les biens.

Si tu as force, si tu as grant puissance,
Si tu as gens abilles, durs et fors,
Si à belistres tu as fait alliance,

son de Jupiter, et n'a pas de rapport avec Apollon. Si ce n'est pas une confusion faite avec Cyparisse ou Hyacinthe, il seroit curieux de connoître la source de cette légende, tout à fait contraire aux faits ordinairement reçus de la tradition crétoise.

Si tu as biens et d'argent jouissance,
Par lesquelz cuydes faire assaulx et effors,
C'est peu de chose de toy et tes consors ;
Chacun le voit, car ils n'ont que la pance :
Gourmans ne vallent, sinon que pour despence.

Le noble roy de France grans alarmes
Sur toy ruera, lequel va le beau pas ;
Princes, seigneurs il a, et bons gendarmes,
Qui sont expers et abilles aux armes
Pour abattre ton train et mettre au bas ;
De jour en jour croissent, et ton trespas
Ilz machinent, et tous les tiens deffaire.
A pecheurs vaincre il y a peu à faire.

Songe ung petit où Babilone est mise,
Qui si forte estoit et si superbe,
Chorinthe aussi, qui estoit de grant mise,
Troye, Cartaige, où force estoit admise ;
Maintenant sont en ruyne et en herbe ;
Ne fut mye mise en cendres Viterbe [1] ?
Si fut certes ; crains qu'ainsi om te face :
D'un furieux on doit craindre la face.

Tu t'es venu bruler à la chandelle
Par le moyen d'orgueil qui t'a surprins,
Et cuydoyes faire par ta cautelle
A ton plaisir, et tenir en tutelle
Les bons François ; mais au bric [2] seras prins :
Trop follement en ton cueur as comprins

1. En 1165, Viterbe n'ayant pas voulu ouvrir ses portes à Frédéric Barberousse, il lui donna l'assaut, la prit et la livra au pillage et au massacre.
2. Prendre au dépourvu.

Faire guerre, car ta folye tu voys :
Les meschans chiens ne servent que d'aboys.

Tu as esmeu à fureur le bon roy
De France, si qu'il t'en prent meschamment ;
Tu congnois bien maintenant le desroy
Que tu as faict d'avoir mis ton arroy
Sur ses terres et sur son tenement ;
Tes adherens seront subitement
Tous desconfitz et puis mis à l'espée :
La mauvaise herbe croist trop s'el n'est couppée.

Pourquoy fuz-tu si fort hors de ton sens
Querelle prendre contre France et les siens ?
Pas ne voyoyes à milliers et à cens
Escossoys promps aux armes que tu sens
Qui te picquent et qui pillent tes biens ?
Qu'as-tu gaigné à passer la mer ? Riens
Fors tout malheur, toute perte et folye :
Souventes fois par aise fol folye.

Combien de meurtres par toy ont esté faitz ?
Combien de filles par force ont esté prises ?
Combien de gens sont tuez et deffaictz ?
Combien de vefves portent fardeaux et faitz
De povreté par tes folles emprises ?
Songes-tu point que tu es par reprises
Moult à reprendre ainsi qu'ung homme infâme ?
Il n'est si riche que par temps on n'affame.

Tu ne t'efforces que par iniquité
Pays conquester, qui t'est grant impropère ;
Aux ungs et autres tu faitz crudelité
Comme aprins t'a ung roy d'antiquité

Plein de malice et de tout vitupère ;
Si retins eusses les leçons de ton père,
Pas ne fusses maintenant à reprendre :
Trop hault monté on voit souvent descendre.

Cloches as prises par toutes les eglises
De ton pays et les as faict briser ;
Artilleries en as faict à tes guyses,
Qu'as faict nommer apostres par devises,
Dont les noms sont grandement à priser [1] ;
Toy, qui ce as faict, en es à despriser,
Car pillé en as les haulx temples de Dieu :
Qui Dieu offence n'est asseur en nul lieu.

Vengeance print Apollo des Rommains
Qui despouillèrent son ydole et son temple ;
Vestemens d'or ravirent et biens mainz,
Dont par vengeance furent couppées les mains
Des sacriléges ; note bien ceste exemple ;
Dedens Valère [2] elle est mise bien ample,
Affin que tous se gardent d'ainsi faire :
Peu de chose fault pour l'homme deffaire.

Par cas semblables Currulus le prefect [3]
Print par force grande partie du bŏys

---

1. Il résulteroit de ceci que les cloches prises par le roi d'Angleterre avoient été converties en douze gros canons, puisque c'est le nombre des apôtres. Le nombre de douze étoit habituel : Louis XI fit fondre douze canons, qu'il appeloit les Douze pairs. Cf. *Chronique scandaleuse*.

2. Il s'agit de Valère-Maxime. Cf. lib. 1, cap 1, § 18.

3. Ce n'est pas Currulus qu'il faudroit, mais Turullius, préfet d'Antoine, qui fit couper un bois consacré à

Sacré aux temples, et d'icelluy fut faict
Grandz navires de guerre; mais deffaict
Pour certain fut avant qu'il fust ung moys;
Octavien fist sur luy telz desroys
Que destrencher il le fist pièce à pièce :
Sacrilèges ne règnent pas grant pièce.

 Pirrus aussi, qui estoit roy de Pire,
Dessus les temples faisoit mainte rapine;
Ainsi qu'entroit de Calabre en l'empire,
Aux dessusdictz fist cas semblable ou pire,
Depopulant le temple Proserpine[1];
Mais Vengeance, qui tous les jours ne fine
Se rebecquer, sus luy tost print vengeance :
En gens mauvais y a peu d'asseurance.

 Ainsi sera de toy, qui t'es uny
Piller eglises et prendre leur avoir;
Puis qu'à telz maulx faire tu t'es muny,
Saiches de vray que tu seras pugny
Dedens briefz jours, cecy te fault sçavoir;
Je ne sçay pas comme y pourras pourvoir,
Mais j'ay grant doubte que tu perdras ton resgne :
A dur cheval fault bailler forte règne.

 Tu congnoistras en briefz jours la folye
De l'entreprise qu'as voulu entreprendre,
Car ta force sera bientost faillye.
Ta chair sera seiche, mesgre et pallye;

Esculape, et qu'Auguste vainqueur fit mourir ensuite. (Val. Max., lib. 1, cap. 1, § 19.)

1. Dans la ville de Locres. (Val. Max., libro 1, cap. 1; externa, § 1.)

Pour la crainte, que jà t'est allée prendre,
Tu fuys, tu cours, tu ne sçais où te rendre,
Et si n'osez en ton pays passer :
Celuy est fol qui veult trop amasser.

De Constantin Françoys ont le voulloir ;
Combien qu'iceulx ne te suyvent de près,
Si proposent-ilz tous les tiens avoir,
Et tes richesses, ton or et ton avoir
Tost posseder, comme verras après ;
Par l'air vollent et courent par exprès
Pour te deffaire et ton pays conquester :
De folle emprinse nul n'y peult acquester.

Tu fais que saige de tost te retirer
Dedens ton isle et de prendre la fuyte ;
Car ta folie a voulu attirer
Maintz hautz princes, qui sur toy vont tirer,
Pour te donner et presenter la luyte.
Tant que tu veulx fuy, car telle poursuyte
Feront sur toy qu'en seras malheureux :
Ung homme n'est pas tous les jours heureux.

Fuir te fault, ainsi que faict le lièvre
Devant les chiens, sans pause ou tardoison,
Ainsi que l'homme qui est pris de la fièvre
Tremble, tu tremble, et es, comme une chièvre,
Hors de bon sens, de memoire et raison ;
Pour te monstrer ta folle desraison,
Il est besoing qu'on pugnisse ta faulte :
Trop follement saulte qui de hault saulte.

En tel sorte que deffaut la fumée
Quant est en l'air, où en rien el devient,

Et ainsi que, par chaleur allumée,
La cire coulle et est tost consumée
Et à neant elle passe et devient,
Ainsi feront Angloys ; car il convient
Qu'ilz s'enfuyent, voyant forces françoises :
Les gens donnez à mal font tousjours noyses.

L'Acteur.

De la folye qu'ont faicte les Angloys
En amenant leur armée sur Françoys,
Sans en plus dire, chascun le peult bien voir ;
Memoire ayons des mauls et des desroys
Où noz parens ont detins autresfoys.
Virilement qu'on leur face assavoir ;
Le cueur ayons de leur faire apparoir
Injures faictes sur France ; je vous prie,
Voz voulloirs soient de nous faire valloir
Sur eulx, en leur demonstrant leur folye.

Ballade adressante auditz Angloys.

Au profond centre de l'estang Geolus,
Au labyrinthe construict par Dedalus,
Et aux fleuves de Stix, eaux tenebreuses,
Dedens le gouffre où est mis Tentalus,
Aux froides undes des grans lacz Cerberus,
Ou en Scilla, abismes perilleuses,
Dedens les mers de Gée dangereuses,
Par Plutonicques et par leurs fiers desroys,
Soyent plongez, par forces merveilleuses,
Ses gros souillars et infames Angloys.

Par grans serpens et par dragons goulluz,
Par coquodrilles et par crapaulx veluz,
Et couleufvres infaictes, venimeuses,
Par fiers lyons tous d'ordure polluz,
Par loupz, par tigres puans et dissoluz,
Par gorgonnes et bestes ravineuses,
Par lyepars, par aspics dangereuses,
Ou par griffons et leurs cruelz aboys,
Devorés soyent, comme gens malheureuses,
Ses gros souillars et infames Angloys.

Soubz gros rochers en prison detenuz,
Et de fleaux soyent brisez menuz
Comme sablon est en mers areneuses,
De Dyoméde, de Busirres tenuz
En feu gregoys et en souffre tous nuz,
En fumées de souffres ombrageuses,
D'epydimie, de mors contagieuses;
Pour leurs malfaictz soyent à ceste foys
Tous absorbez par façons douloureuses,
Ses gros souillars et infames Angloys,

Prince du ciel, de pensées desireuses,
Par oraisons humbles, affectueuses,
Je te supplie, comme ay faict plusieurs fois,
Que confondes en peines langoureuses
Ses gros souillars et infames Angloys.

RONDEAU.

Vuydez, Angloys, hors de noz terres,
Vuydez plus viste que le pas;
Puis que n'osez demener guerres,

Vuydez, Angloys, hors de noz terres;
Vous ne povez plus tenir serres,
Car faim vous conduyt au trespas;
Vuydez, Angloys, hors de noz terres,
Vuydez plus viste que le pas.

Finis.

Apologie des Chamberières qui ont perdu leur mariage à la blancque[1].
On les vend à Paris, par Alain Lotrian, demourant en la rue Neufve-Nostre-Dame, à l'Escu de France.

L'Acteur à son Amy, salut.

Congnoissant que tu as desir,
Amy, et que tu prens plaisir
D'ouyr et veoir choses nouvelles,
Racompter t'en veulx les plus belles
Qu'ouys depuis ung an en çà,
Des chamberières de par deçà,
Lesquelles, sans avoir dispence,
Au moins ainsi comme je pense,

---

1. In-8 gothique de 4 ff. de 26 lignes à la page. Au frontispice, deux bois posés l'un au dessus de l'autre. A celui d'en haut, un bâtiment hexagone flanqué de tourelles ; à chacune des trois fenêtres visibles, on voit un homme et une femme. A celui d'en bas, deux groupes amoureux, dont l'un est assis et boit à une table. Reproduit en fac-simile autographique.

Pretendoient d'avoir benefice,
Si l'aveugle faisant l'office
N'eust pour icelles tiré blancque[1],
Et ne leur est demeuré blanc que
Leur cul, s'il n'est ou noir ou gris.
Vrayment, mon ami, je me ris
Du malheur desdictes chambrières,
Qui pensoient bien estre gorrières
Si leur teston eust rencontré.
Escoute, et je te racompteray
Les regretz qu'un jour, par fortune,
Je veys et ouys faire à une
Attendant place à la fontaine.
« Que la forte fiebvre quartaine »,
Disoit-elle lors, « puist tenir
« Celui qui premier feist venir
« Ce jeu de blancque en ceste ville.
« Je suis par luy la plus serville,
« La plus dolente et langoureuse,
« La plus paovre et plus malheureuse
« Qui soit dessoubz le firmament. »
Parlant alors à sa compaigne,
Qui n'estoit de Troye en Champaigne,
Mais de Paris : « Ce m'est venu
« Et ce grand malheur advenu,
« J'avoye ung jour, sans varier,

---

1. Sur les formes du tirage de cette sorte de loterie, importée en France par les Italiens, on peut voir l'agréable chapitre d'Etienne Pasquier, *Entendre le numéro*, dans ses *Recherches de la France*, livre 8, chap. 49, éd. de Paris, P. Ménard, 1633, in-fol., p. 760-61.

« Quinze frans pour me marier,
« Lesquelz deuement gaignés j'avoye
« En ung logis où je servoye;
« Mais ilz ont fait par la fenestre
« Ung sault, parcequ'il m'advint mettre
« Dix testons desditz quinze francs,
« Qu'ilz estoient à moy nectz et francs,
« A ceste blancque malheureuse,
« Où j'ay esté aussi heureuse,
« Sans jurer Juno ne Jupin,
« Comme les enfants Turlupin[1],
« Qui sont malheureux de nature;
« Car, attendant bonne adventure,
« Helas! il m'advint mal encontre;
« Mais, se jamais [là] je rencontre
« Benefice en or ou argent,
« J'en feray mon amoureux gent,
« Mignon, gorrier, gaillard et gay,
« Pour danser pavane et vert gay,
« Le mois de may, au vert boscage
« Escoutant le pinson ramage,
« Et cueillant le gentil muguet.
« Mais tout l'argent de mon bancquet,
« Las! y est demeuré contant.

1. Le mot est, comme on voit, bien antérieur au commencement du XVIIe siècle, époque où le fameux farceur Henri Legrand, dit Belleville, prit comme nom de théâtre ce nom de Turlupin, et le rendit à jamais célèbre. Quant à l'expression proverbiale *enfants de Turlupin malheureux de nature*, elle est on ne peut plus fréquente au XVe siècle et dans la première moitié du XVIe.

DES CHAMBERIÈRES.

« Nous pensions bien boire d'autant
« Dans une tasse de cinq mars[1].
« Mais ce sera le mois de mars,
« Si je peulx espargner ung soul,
« Que nous bevrons tout notre soul
« Dedans ung pot monsieur de terre.
« Non contente de ce caterre
« Et malheur qui m'estoit venu,
« Aultre desir m'est advenu
« Tout mon reste à la blancque mettre,
« Sans advertir (ne) dame ne maistre,
« Pensant qu'il estoit impossible
« Fortune m'estre tant nuysible
« Que d'avoir blancque à chacun coup[2].
« Et puis y en avoit beaucoup,
« Affin que le vray je declare
« Que comme moi je voyois faire,
« Dont plus que devant m'enhardis.
« Mais, ô vray Dieu de Paradis,
« J'y ai de rechief tout perdu.
« Qu'en fust le maistre bien pendu,
« Et que j'en eusse faict l'office !
« Aussi de tenir benefice
« Il n'appartient pas à chambrière.
« Tout me vient sens devant derrière ;
« Malheureuse suis de nature.

1. C'est-à-dire une tasse d'argent du poids de 5 marcs.
2. On voit par là que, quand on tiroit un billet blanc, on n'avoit rien, et, comme les billets blancs étoient plus nombreux que ceux portant des devises, le nom en fut donné à la loterie.

« Je te diray aultre adventure
« Qu'à la dernière m'est venue[1],
« Pourveu que ma desconvenue
« Tu ne recites à personne. »
Oyant cecy, mot je ne sonne,
Attendant de sçavoir la fin
De ce joyeulx compte, et affin
De bien au long le cas t'escripre
Pour t'esjouyr et faire rire,
Le recitant en compagnie.
« J'ay ung maistre qui me manye
« *Et cetera*, puis en l'oreille
« Me baise tant qu'il me resveille
« Pour avec luy passer le temps. »
Perrette respond : « Je l'entens ;
« Faict-il cela souventes fois ? »
— « Vrayment, m'amye, et maintes fois
« Ung teston me donne ou demy.
« J'ay oultre tout cest argent my
« A ceste malheureuse blanque,
« Et si tout m'est venu plus blanc que
« N'est ung cigne, ou farine ou neige.
« Par ce moyen, plus d'argent n'ay-je,
« Et suis de marier moins preste,
« Que je fus oncques. Mais, au reste,
« Ung point y a qui me conforte :
« Je suis encores aussi forte,
« Aussi puissante, aussi habille
« Pour gaigner au jeu de la bille,

---

1. Ainsi la blanque n'étoit pas toujours ouverte; il y en avoit plusieurs qui se succédoient avec des intervalles.

« Que je fus jour de mon jeune aage,
« Pour mieulx gagner mon mariage,
« Passant le temps et m'esbatant,
« Que n'ay fait à la blancque. A tant
« De toy prendray congié, m'amye,
« Estimant que ne diras mye
« Ce que je t'ay cy recité. »
— « Nenny », dict-elle, « en verité
« N'en ayes soucy ou esmoy ;
« Vivant n'en sçaura rien de moy,
« Ou le vray Dieu me puist mauldire.
 « Vrayment, puisqu'il t'a pleu me dire
« Ta tant malheureuse fortune,
« Je t'en veulx racompter une
« Qui m'est, comme à toy, advenue
« Et par ceste blancque venue.
« Que mauldicte en soit la semence ! »
Adonc la fillette commence
En ces motz, voire, ou en pareilz,
Mais premier feist ses appareilz,
Et dessus son seau s'est logiée,
Disant : « Je me suis obligée
« Pour cinq testons à ma maistresse,
« Qui me cause au cueur grand destresse,
« Pensant gaigner mon mariage
« Comme toy. Oultre, mis en gaige
« Ma bonne robe et mon corset,
« Et des chemises encor sept,
« Pour dix aultres, soubz trois devises,
« L'une pour ravoir mes chemises,
« L'autre pour gaigner ung amy,
« La tierce pour chanter *fa my*,

APOLOGIE

« Ce beau mois de may, en l'ombrage,
« Bouffant en l'amoureux ouvrage.
« Mais sçais-tu quoy? Toute freloire[1]. »
— « Vrayement, tu n'entendois le loire
« Non plus que moy, m'amye Perrette;
« Car le bien du jeu d'amourette
« Tu y as comme moi perdu,
« Et tu as ton bien despendu,
« Ainsi que tu m'as recité. »
 Amy, pour dire verité,
Escoutant lors ceste devise[2],
L'une desdictes deux m'advise,
Qui changea soudain de couleur.
L'autre demande : « Quel douleur
« Ou quel mal t'est-il advenu? »
— « M'amye, nostre cas est congneu :
« Cest homme-là nous escoutoit. »
Ainsi que ces mots racomptoit,
Je commençay à m'eslongner ;
Car, s'on m'eust venu empoigner,
Je croy qu'on m'eust gallé la teste.
 Amy, sur ce point je proteste
Que bien folle est la créature
Qui se mect en telle adventure,

---

1. De l'allemand *verloren*, perdu. Refrain très populaire depuis qu'il avoit été mis à la mode par la fameuse chanson de Clément Jannequin sur la bataille de Marignan. Cf. Le Roux de Lincy, *Chants historiques françois*, t. 2, p.

2. Cette conversation.

Et qui va à la guerre aux femmes,
Où maintz sont bien souvent infames,
Et leur faict-on payer l'amende.
A tant à Dieu je te commande.

Finis.

*L'heur et guain d'une Chambrière qui a mis
à la blanque pour soy marier, repliquant
à celles qui y ont le leur perdu*[1].

Imprimé à Paris, par Jehan Real.

Au Lecteur, salut.

Assez faché d'une dure infortune, [cune
Doubtant encor que m'en viendroit au-
Après passer celle qui tant m'oppresse,
Pour m'esjouyr je m'ostay de la presse
Où dur malheur, qui poursuyt tout forfaict,
De bon espoir m'avoit du tout defaict.
Que feis-je lors pour mon esprit induyre

1. 4 ff. goth. Au frontispice, une femme debout, bras nus, les cheveux épars sur le dos et retenus par un ruban dont les bouts flottent derrière sa tête; elle tient une plante de la main gauche. Au verso du frontispice, un homme et une femme se parlant. Reproduit en 1831 en fac-simile autographique, tiré à 40 exemplaires.

A passer temps? Adonc me pris à lire
Ung petit bref de parolles legières
Qu'avoient causez entr'eux ii chambrières.
En les lisant, une jeune fillette,
De maintien doulx et de regard honneste,
Me vint reprendre et me dict sans targer
Que tort avoient de blancque eulx estranger,
Et qu'elle avoit gaigné plus que perdu
Au jeu de blancque; ainsi l'ay entendu.
Lors me compta, sans faire long sejour,
Comment bon heur luy advint en ce jour.

La Chambrière.

Quand j'ay congneu que ne gaignois assez
A mon service afin mary avoir,
Trente-deux solz j'ay soubdain amassez,
Lesquelz m'estoient grand richesse et avoir.
Mettre à la blancque ay fait le mien debvoir,
Où n'ay perdu; sure en suis, somme toute.
On ne perd pas tout l'argent qu'on y boutte.

Aulcunes sçay qui de blancque se plaignent
Pour ce qu'ung coup ilz n'ont point rencontré;
Mais en mettant leurs testons il[z] se feignent,
Et au Hazart n'ont pas bon œil monstré.
Lors le Hazart s'est contre eulx demonstré
Rude et cruel, courant ailleurs la poste,
Et ont perdu l'argent de robbe et cotte.

Ce n'est pas tout: car, leur vueil entendu,
Suyvant Honneur n'estoient point en la place;
Mais poursuyvoient le leur guain pretendu

Que de Venus possederoient la grace.
L'une des deux estoit vieille crevasse,
Qui son mignon vouloit faire pompeux ;
Mais blanque feist le sien maintien honteux.

De male mort le banquier maudissoit,
Car son mygnon luy monstroit chère grise ;
De quinze frans le tas appetissoit ;
La robbe aussi estoit en gaige mise.
Or, quant à moy, ung chascun bien j'advise
Que n'ay en blanque aucun denier submis
Fors par Honneur, qui est de mes amys.

L'autre d'après, assez jeune tenue,
S'en plainct aussi en cueur et en couraige,
Laquelle estoit d'un autre entretenue,
Où elle avoit desjà passé son aage,
Prêt[1] elle avoit content son mariage
Pour quelque sot, qu'elle eust fort abusé,
Quelqu'autre aussi, s'il n'eust esté rusé.

Son mariage à la blanque elle a mis,
Soubz ung espoir qui pas beaucop ne vault,
Et lors Hazard luy a du tout desmis
Son vain espoir, qui maintes fois deffault ;
Bon heur aussi, ainsi penser le fault,
A son espoir ne s'est pas entendu,
Et par cela au jeu elle a perdu.

Un aultre estoit, qui n'eust le cueur marry,
Car vingt escus à la blanque gaigna,

1. Imp. : Près.

Et pour devise avoit : *Mon bon mary.*
Deux ou trois coups hocher Bien me daigna ;
Lors le blanquier contre elle s'indigna,
Non pas trop fort, car il l eust deshousée,
S'elle eust voulu, la tendrette espousée.

De faire ainsy je n'ay point esperance,
Ne plaise à Dieu, de cueur je le prometz ;
Aussi Hazart a pris d'Heur l'acointance,
Et m'ont promis des biens plus que jamais ;
Suyvre Venus du tout je me desmetz ;
Et suyvre Honneur j'ay tousjours pretendu,
Et par cela au jeu n'ay point perdu.

Par plusieurs fois en mariage mise
J'eusses esté, voire, depuis deux ans ;
Mais pauvre estoys, et de tous biens demise,
Qui m'estoient fais à porter très pesans ;
Advenu m'est, qui me sont bien duisans,
Hazart et Heur, dont point me mescontente :
Heureuse suis, dont doibtz estre contente.

J'ay beaux habitz et beau linge tout neuf,
Beau demisceint d'argent sur mes costez,
Deux chapperons, tabliers plus de neuf,
Chausses, soulliers et biens de tous costez.
Pour ce vous pry que de biens ne doubtez ;
Venez vers moy, se me voulez avoir,
Je vous feray d'entretien le debvoir.

La blanque a faict mon argent croistre fort,
Dont mercy Dieu et le bon heur aussi ;
Et par cela j'ay en Dieu mon confort

Qu'aulcun viendra pour m'espouser icy.
Cent livres j'ay gaignées, Dieu mercy;
C'est pour celuy lequel m'espousera,
Et qui amy mon cueur reclamera.

En aage suis; de beaulté me contente;
Ma devise est : *En toutes parts brunette;*
En mouvement je ne suis point pesente;
On peult bien veoir que j'ay ung cueur honneste :
Vienne ung amy, me voilà toute preste
Le recepvoir si très benignement
Qu'il en aura en fin contentement.

Je fais cy fin, concluant par mon dire
Que j'ay esté en (la) blanque très heureuse;
Mais d'ung regret mon pauvre cueur souspire,
Et par maintz jours je me rends douloureuse.
Pour quoy cela? Las! je suis langoureuse
Du mal d'amour, qui tousjours me tourmente,
Et sans cesser dedans mon cueur augmente.

Prens donc bon cueur, ô bonne chambrière!
Et riens ne doubte; à la blanque fault mettre.
N'en tire point ne cul ne teste arrière,
Si mariée en peu de temps veulx estre.
Certainement le nombre il fault congnoistre
Dessus le doigt, et aussi la devise,
Laquelle auras dedans ton billet mise.

Pardonnez-moy, ô bons lecteurs humains,
Si j'ay cy dict chose qui trop repugne
Encontre aulcuns; je n'en dis plus ne mains
Que je vouldrois qu'il me feust dit d'aucune
Qui m'enseignast, sans user de rancune.

Adieu vous dy; à la blanque mettez[1],
Et, comme moy, du jeu vous contentez.

Finis.

1. Combien eût été heureuse la brave fille que notre anonyme met en scène, et qui fait de la blanque l'instrument de tout mariage, si elle eût vécu plus tard, à la fin du XVIe siècle, au moment où Louis de Gonzague, duc de Nevers, établit, en 1579, et hypothéqua sur ses biens, cette loterie de mille écus en faveur de pauvres et honnêtes filles à marier, qui duroit encore du temps de Sauval! Elle se faisoit aussi par billets. Les mauvais portoient : *Dieu vous console;* les bons, *Dieu vous a élue.* Du reste, pour le détail des formalités et des cérémonies interminables de cette fondation, nous renvoyons à Sauval, qui en a parlé dans l'un de ses plus nouveaux, de ses plus amusants et de ses plus complets chapitres, un de ceux qui montrent ce qu'eût été son livre s'il l'eût achevé, celui des loteries. On le trouvera au tome 3, dans le 14e livre, et ce qui se rapporte à la loterie du duc de Nevers n'y occupe pas moins de trois pages in-folio (p. 69-71).

Le Banquet des Chambrières fait aux Estuves[1].

1541.

L'Auteur à son Amy.

Puisqu'il te pleust vers moy trans-
[mettre
Ton escrit en forme de lettre,
L'an passé, d'aucunes chambrières
Qui leurs mariages ès bryères

---

1. Les deux éditions modernes disent : Fait aux estuves le jeudy gras. Quant à l'édition originale, elle a 8
ff. goth. sous les signatures A–B, 21 lignes à la page.
Au frontispice, les deux mêmes bois qu'à l'Apologie ; au
verso, une bourgeoise assise devant le feu, se chauffant
les jambes et les cuisses, à peu près comme dans la mi-
niature des Heures d'Anne de Bretagne. Au dernier verso, un homme marchandant une pièce d'étoffe à un mar-
chand debout derrière une table grossière. Il en a été fait
de nos jours un fac-simile tiré à 40 exemplaires. Une
première réimpression en fut faite à Rouen, chez Nicolas Lescuyer, près le grand portail Notre-Dame. Titre

N'avoient perdu, mais à la blancque ¹,
Je ne ris autant d'un an que
Je feis l'autre hier du banquet,
Des comptes, devises, caquet,
Jeux, mots, ridz, chansons et sornettes
De quatre jeunes godinettes
Aux estuves le jeudy gras ;
Ressembler ne veux aux ingrats
Qu'ilz ne daignent reponse rendre.
Or, amy, pour le cas entendre,
Celui qui ce nous recitoit
Les assistans tant incitoit
Qu'ils ne pouvoyent tenir de rire,
Et, pour le vray au long t'escripre,
Jamais le bon falot Jean Serre ²,

encadré signé du chiffre 7, avec deux têtes accouplées entourées d'un serpent et la devise ΠΑΡΟΝΤΑ ΚΑΙ ΜΕΛ-ΛΟΝΤΑ (les choses présentes et les choses futures); 6 ff. in-8 et un feuillet blanc. Une seconde réimpression en parut à Rouen, chez Loys Costé, libraire, rue Escuyère, à l'enseigne des trois ✝✝✝ couronnées. Titre encadré ; 7 ff., avec la signature E au titre et un feuillet blanc à la fin.

1. Ainsi l'auteur du Banquet des chambrières connoissoit celui de l'Apologie des chambrières qui ont perdu leur mariage à la blanque ; mais malheureusement cela ne nous dit pas le nom de l'un plus que de l'autre.

2. Ce Jean Serre a eu l'honneur d'une épitaphe de Marot (éd. Lenglet-Dufresnoy, t. 2, p. 416-17) :

De Jean Serre, excellent joueur de farces.

Ci-dessous gist et loge en serre
Ce très gentil fallot Jean Serre...

Lequel pieçà est mis en serre,
Coiffé d'un beguin d'un enfant
Sous un haut bonnet triomphant,
N'en fist Parisien si ayse,
Combien qu'il eust grace niayse[1],
Que chacun rit de cette histoire.
  Amy, quelque jour de la foire
Sainct-Germain, quattre chambrières
Assez mignonnes et gorrières
Prindrent complot, comme il me semble,
D'aller aux estuves ensemble
Le jour dessusdit ; ce jour vint,
Duquel, comme au vray il advint,
Toutes quatre ensemble arrivèrent,

>   Et grand joueur en son vivant,
>   Non pas joueur de dez ne quilles,
>   Mais de belles farces gentilles, etc.

Malheureusement la pièce n'a pas de date. — Nous ne savons si le Jean Serre de Carpentras, auquel Bertrand des Marins, de Marsan, a dédié son *Rosier des dames*, est le même individu.

1. Notre auteur a même imité les vers de Marot :

>   Or bref, quand il entroit en sale,
>   Avec une chemise sale,
>   Le front, la joue et la narine
>   Toute couverte de farine,
>   Et coiffé d'un beguin d'enfant
>   Et d'un haut bonnet triomphant
>   Garni de plumes de chappons,
>   Avec tout cela je repons
>   Qu'en voyant sa grace niaise
>   On n'estoit pas moins gay ny ayse
>   Qu'on n'est aux Champs Elisiens.

Où place assez bonne trouvèrent.
« Et puis, mes filles », ce dit l'une
D'elles, la plus vieille, « Fortune
« Nous sera-el ce jour propice ?
« Je croy que ouy ; succre et espice
« Avons pour manger, cas friand. »
Babeau, la belle aux yeux rians,
Repond : « Ma mère, paix, paix, paix !
« Parlez plus bas ; j'ay du porc frais,
« Une andouille et quatre saulcices,
« Que, malgré nos maistresses chiches,
« Mengerons. N'as-tu rien, Perrette ? »
— « Si ay : j'ay une cottelette
« Qui le ventre quasy m'eschaulde. »
— « Moy, un pasté à sauce chaulde »,
Dist lors Alizon la mignonne,
« Et si ay la bourse assez bonne. »
— « Filles, montés sans babiller ;
« Si vous voulez deshabiller,
« Le baing est desormais trop chaud. »
La vieille, en qui beauté deffault,
Pas ne fut alors si honteuse
Comme est une jeune amoureuse,
Quant ce vient la première nuict,
Ne sçachant quel est le deduict,
N'ose despouiller sa chemise ;
S'est incontinent nuë mise,
Et, sans cacher sa penillière,
Fut des fillettes chambrière,
J'entens à leur tirer leurs chaulces.
Or, ainsi que vieilles sont faulces,
Tirant les chausses d'Ysabeau,

Feit un pet, qui ne fut fort beau,
Disant ces mots : « Passe, courtault ;
« Je croy qu'à mon cul le sens faut,
« Ou je ne sçay ce qu'est à dire. »
Les filles se prindrent à rire,
Et du ton tonnant estonné,
Toutes trois bouschèrent le né,
Dont la vieille bien peu on prise.
Cela fait, chascune s'est mise
Dans le bain ; chascune se lave ;
Chascune tend se faire brave.
   Après que la vieille desvée
Eut sa penillière lavée,
Va en un estroit recullet,
Où quelque chambrière ou varlet
Luy ratissa d'ung vieil cousteau
Le ventre jusques à la peau[1].

---

1. On a déjà vu cette habitude mentionnée dans deux pièces du premier volume de ce recueil (p. 84 et 103), et son observance fait partie des qualités d'une belle femme dans quelques vers de la pièce en prose *la Source et origine des c... sauvaiges* :

   Le ventre epois, motte de frais rasée.

Il y est fait allusion dans la farce des Bâtards de Caux du manuscrit La Vallière. Le père y laisse à sa fille un rasouer :

   Et quant elle en sera à poinct,
   Elle en ratissera maujoinct.
   Il y a je ne sçais combien,
   Ma mère en ratissoit le sien.

Les facéties de Pogge ont même une histoire à ce sujet : *De meretrice conquerente de tonsoris maleficio;* fac. 114.

Ce fait, Perrette fut abille
D'aller empoigner la cheville ;
Alizon la suyvit de près,
Ausquelles on faucha leur prez.
Babeau, non sçachant que c'estoit
Qu'on leur faisoit, ne se hastoit
Les suyvir, pensant que pisser
Alloyent leans, ou pour seicher
Leurs corps à quelque linge doux.
La vieille luy dit : « Hastez-vous
« Cependant qu'elle est en bon point. »
— « Certes, je n'y entreray point »,
Respond à la mère Ysabeau ;
« Ceste femme tient ung cousteau ;
« Elle me pourroit bien couper
« Le maujoinct [1] : laissez m'eschapper ;
« Ennenda, point n'y entreray. »
— « Ma fille, je vous monstreray
« Comme on y fait ; ne craignez rien :
« On ne vous fera que tout bien. »
Elle y entra. Babeau se couche ;
La vieille luy lave la mouche [2],
Puis elle dit : « Ma belle fille,
« Mettez le pied sur la cheville. »
Quant la toison fut bien mouillez,
La rasant : « Vous me chatouillez »,
Luy dit la mignonne Babeau.
— « Ma mie, pour Dieu ! allez tout beau ;
« Gardez que vostre pied ne grille.

1. Costé et Lescuyer : Ma mère.
2. Costé et Lescuyer : la bouche.

« M'amye [1], comment cela fretille! »
— « Ennenda, vous me faites mal;
« Laissez m'aller, propos final »,
Dist-el d'assez laide grimace :
« Vous m'avez coupé la fendasse. »
La vieille ratissa en sorte
Que Babeau cuydoit estre morte.
Mais en fin elle fut moult fière
D'avoir ung si mignon derrière;
Si vestit sa blanche chemise.
La nappe fut près du baing mise,
Le petit banquet appresté.
Les deux se misrent d'un costé,
Deux de l'autre; puis, quant ilz eurent
Desjeuné, toutes quatre beurent
D'autant, ainsi qu'il est à croire.

   Babeau dit : « Je sçay une histoire,
« S'il vous plaisoit de l'escouter,
« Pourveu que point le caquetter
« On ne voulust à ma maistresse;
« Qui au cœur en auroit tristesse,
« Trés volontiers le vous diroye. »
— « Dy hardiment », respond Maroye;
« Chascune de nous fait serment
« De n'en parler aucunement. »

DIZAIN.

« Un jour Monsieur descendoit en la cave
« Avecque moy, qui suis sa chambrière,
« Lequel, marchant dessus ma robe brave,

1. Ed. goth. : Hemy.

« Sur les degrez me feist choir en arrière ;
« Luy, cognoissant assez cette manière[1],
« Me redressa sus le cul d'un tonneau.
« Holà ! Monsieur ! luy dis-je lors, tout beau !
« Laissez m'aller : je suis toute gastée.
« Il me repond : Ne te fache, Babeau,
« Avant partir tu seras descrottée.
  « Ce cas fut fait par mon serment. »
  — « J'aymerois tel descrottement »,
 Dist une fille assez moyenne ;
 « Mais escoutez toutes la mienne :

DIZAIN.

« Un jour passé mon maistre m'accolla
« Dessus un banc, où me trouva assise,
« Et puis me dit : M'amye, faisons cela,
« Car c'est un jeu que tout le monde prise.
« Incontinent retroussa ma chemise,
« Et me coucha pour myeulx faire à son ayse ;
« Mais lors je fis un petit la mauvaise,
« Non cognoissant quels estoient telz esbats ;
« Enfin je dy : J'ayme bien qu'on me baise,
« Puisqu'en baisant l'on me met le cul bas. »
  — « Vrayement, j'aymeroye telz sabbats ! »
 Respondit la vieille sans dents ;
 « Et joueroye à mettre dedans
 « Aussi bien que je feis jamais. »
 Lors Alizon vit en un mectz
 Le porc frais, dont se print à rire ;
 Isabeau se luy vint à dire :

1. Ce vers manque dans l'édition de Costé.

« Ma sœur, de quoy te souvient-il?
« Sçais-tu quelque compte subtil
« Pour recréer la compaignie? »
— « Il me souvient quant je manie »,
Dit-elle, « ce que tu sçays bien,
« De frais rasé, où quasi rien
« N'apparoist de poil, tout ainsi
« Est-il de ceste coisne icy ;
« Voilà le point qui me faict rire. »
— « Mes fillettes, je vous veux lire
« Un faict digne assez de memoire ;
« Mais premier il me convient boire
« Et destrousser ce gobelet.

Cameron[1].

Filles, à un père seullet, [ge,
« Toutesfois lors d'assez jeune aa-
« Dedans un caduc hermitage[2]
« Arriva[3] une godinette

---

1. L'histoire suivante, qu'on retrouve dans les *Contes* de La Fontaine sous le titre du *Diable en enfer* (livre 4, conte 10), vient du *Décaméron* de Boccace, où elle forme la 10ᵉ nouvelle de la 3ᵉ journée, et notre auteur a signalé son original dans le mot *Caméron* qu'il a mis en tête. On se rendra facilement compte de cette forme quand on se souviendra que le titre de la traduction de Laurent de Premierfaict étoit *le Livre de Caméron*, qui, dans les éditions suivantes, devint *le Livre Caméron*. La traduction d'Antoine Le Maçon parut seulement en 1545.

2. Ed. de Lescuyer et de Costé :

Dedans un fort caduc village.

3. Id. : demeuroit.

« Qui desiroit d'estre nonnette.
« Et vivre de pain et racines.
« Or, ainsy que jeunes poupines
« Il est aysé à decepvoir,
« Le frère[1] mist tout son debvoir
« De luy apprendre une leçon
« Du moyen, manière et façon
« De remettre un diable en enfer,
« Combien qu'il fut plus dur que fer,
« Non pas ainsi que Theophille[2].
« Si vint dire à la jeune fille :
« Avez-vous bonne volunté
« Vivre avec moy? — *Pater sancte*,
« Autre chose je ne prochasse,
« Respondit-elle sans fallace ;
« Je ne quiers que la vie munde.
« — Or, dist-il, Dieu priva du monde
« Le grand diable par son peché
« D'orgueil, du quel fut entaché ;
 Pour tant, quand ce malheureux diable
« Vient au monde, il est delectable
« A Dieu le remettre en enfer,
« Pour les damnez y reschauffer ;
« J'entens le tout sans deshonneur.
« La fille respond : Mon seigneur,
« Comment se fait cela ? — Comment ?
« Dict-il ; ma fille, habillement,
« Sans plus tarder, despouillons-nous,

---

1. Id : Un mignon.
2. Est-ce une allusion au Théophile des légendes du moyen âge sur les miracles de la Vierge ?

« Puis nous nous mettrons à genoux ;
« Ainsi apprendrés la manière
« Chasser le diable en sa tanière.
« Le jeune homme osta sa chemise,
« Sans rien aucunement cacher.
« Incontinent se va lacher
« Le grand diable de ce mignon,
« Plus rouge que n'est un oignon.
« Elle, voyant cela saillir,
« Commença lors à tressaillir,
« Disant : Que vois-je là dehors
« Ainsi saillir de vostre corps ?
« Beau père, il semble[1] d'une bille.
« Certes, dit-il, la belle fille,
« C'est le diable, sans nul deffault,
« Qui hors de mon povre corps sault
« Pour faire quelque deplaisir ;
« Fille, c'est à vous grand plaisir
« Que n'en avez ung comme moy ;
« Las ! pour m'oster de cest esmoy,
« Usez devers moy par concorde
« Des œuvres de misericorde,
« Et chassons ce diable en enfer,
« Ou qu'il voise allieurs se chauffer.
« Ceste leçon tant recorda,
« Que la fille enfin s'accorda.
« Si se mirent dessus le lict,
« Où feirent l'amoureux delict[2],
» Chassant ce diable à toutes foys

---

1. Ed. Lescuyer et Costé : Il semble à le voir.
2. Il manque un vers pour rimer avec le suivant.

DES CHAMBRIÈRES. 295

« Qu'il sortoit[1]. Changeons de propos ;
« S'il n'y a plus de vin ès potz,
« Mandons-en ; sus à ce pasté !
« Vrayement, voylà trop caqueté.
« Quand je manie ceste andouille,
« Il m'est avis qu'on m'en fretouille ;
« Le goust me monte jusqu'au cœur :
« C'est un metz qui donne vigueur
« Souventes foys quant on se baigne. »
— « Vien çà », dist l'une à sa compaigne.
« Je te prie, dy moy sans resver,
« En mis-tu jamais, sans laver,
« Au pot ? » — « Si ay, par mon serment. »
 Pour fin, voilà le preschement
Des dessus dictes chambrières,
Qui sçavoient assez les manières
De faire... chascun m'entend bien.
Pour present, amy, n'ay plus rien
Qui soit plaisant à te rescripre,
Sinon que bref te feray rire,
Si je t'envoye[2] la chanson
Que feit en ce lieu Alizon.

Finis.

1. Les deux réimpressions ont : Qu'il soit.
2. Les deux réimpressions : tenoye.

Prosa cleri Parisiensis ad ducem de Mena, post cædem regis Henrici III.
Lutetiæ, apud Sebastianum Nivellium, typographum Unionis, 1589[1].

Prosa cleri Parisiensis ad ducem de Mena, post cædem regis Henrici III.

1.

ux de Mena, pro-rex regni,
De stirpe Caroli Magni[2],
Si justa sint natalia,
Frater, saltem uterine,

1. Nous avons copié cette pièce d'après l'exemplaire de l'abbé Sepher, acquis 361 francs à sa vente en 1786 pour la Bibliothèque du roi, où il est encore. C'est un in-8 de six cahiers de 2 ff. chacun, sauf le dernier, sous les signatures A-F. La prose latine est imprimée en italique, et le chiffre des stances est en vedette à la tête de chacune; quant aux pages, elles ne sont paginées qu'au recto, 3, 5, 6, 9, 11. La traduction françoise, imprimée peut-être après coup (car le papier, tout en ayant la même marque, n'est pas le même), est en romain d'un caractère plus fin, les pages bien numérotées de 13 à

Catharinæ Lotharenæ [3]
Nova gestantis lilia.

21 ; les numéros des strophes sont à côté du premier vers, et les 5ᵉ, 6ᵉ, 11ᵉ et 12ᵉ vers de chaque double strophe sont imprimés en retraite, tout en étant de la même mesure que les autres. M. Leber en avoit un autre exemplaire, qui se trouve maintenant à Rouen. (Cf. son *Catalogue*, t. 2, p. 208-9, nº 4044.) Dans sa dissertation *De l'état des pamphlets avant Louis XIV*, M. Leber avoit fait remarquer que, sous son apparence lorraine et catholique, c'étoit un pamphlet royaliste des plus violents ; que ni Pighenat, le curé ligueur, ni Sébastien Nivelle, l'imprimeur de l'Union, n'y étoient pour rien, et que leur nom avoit servi de masque à quelque membre de ce tiers parti des royalistes d'où *la Satyre Ménippée* devoit sortir. M. du Roure, qui en a parlé dans son *Analecta Biblion* (in-8, 1837, t. 2, p. 83-86), en possédoit une copie sur peau de vélin faite en 1780, et il en a paru en 1786, chez Didot l'ainé, une réimpression à 56 exemplaires, dont 6 sur peau de vélin.

2. Cf. les notes de *la Ménippée*, éd. de Ratisbonne, 1709, t. 2, p. 275-76.

3. Catherine-Marie de Lorraine étoit, comme le duc et le cardinal de Guise, tués aux états de Blois, et comme le duc de Mayenne, fille du duc de Guise tué par Poltrot devant Orléans. Elle avoit épousé, en 1570, Louis II, duc de Montpensier, et c'est sous le titre de princesse de Montpensier qu'elle est toujours désignée dans les mémoires contemporains. On sait ce que L'Estoille et la Ménippée nous ont appris sur sa haine contre Henri III, sur sa joie à sa mort et sur les honneurs qu'elle fit à la mère de l'assassin ; mais de cette violence de passion politique à s'être livrée au moine meurtrier, il y a encore loin, et ce n'est qu'une de ces calomnies infâmes à

2.

Eheu, bellator insignis,
Nunquam bellis erit finis
Quibus vexatur Gallia?
Ecce te hortatur clerus
Ut tu, tanquam leo ferus,
Ducas agmen in prælia.

3.

Quis pudor regem Navarre
Dominari et regnare
In universa Francia,
Cui non erat, sex sunt menses,
Extra pagos Bearnenses
Exeundi licencia.

4.

Laudatur tuæ sororis
Adfectus plenus amoris,
Quæ se magna constantia
Subjecit Dominicano,
Pacta ut mortem tyranno
Daret vi vel astutia.

5.

Hæc, nacta virum haud segnem :
« Eia » inquit, « fige penem
« In alvi latifundia,
« Æque penitus ac ferrum,
« Quod jurasti vibraturum
« Intra Henrici lilia. »

l'usage constant de tous les partis, qui, quand ils l'emploient, trouvent le moyen des plus légitimes.

6.

Ergo pius ille frater
Compressit eam valenter
Redditurus vota pia;
Ad septimam usque costam
Recondit virilem hastam,
Fusa seminis copia.

7.

O ter quaterque beatus
Ventris Catharinæ fructus,
Compressæ pro ecclesia!
O felix Jacobus Clemens,
Felix martyr, felix amans,
Inter millies millia!

8.

Ecquis non cedit amori?
Fuit ei dulce mori
Pro tam digna amasia,
Dum ferit ad Sanclodunum,
Memorandus in æternum,
Hostem domus de Guysia.

9.

Et te, fratrem Catharinæ,
Tædio nostræ ruinæ
Æqua non punget gloria!
Tu sines turmas Navarri
Coram nobis triumphari
Tanquam parta victoria!

10.

Absit a tuo valore

Ut sis perculsus timore
Vel aliqua desidia,
Et trigintasexviratus
Accuset te peculatus [1]
Jure et non injuria.

11.

Sis licet nummorum tenax,
Tu es fortis, tu es audax,
Tu excellis militia :
Recense tuos armatos,
Ample princeps, et coactos
Educ extra superbia.

12.

Nos opprimit dira fames,
Nam Hæretici infames
Hic circum vastant omnia.
Gentes sacræ Unionis,
Tam in corpore quam bonis,
Patiuntur immania.

13.

Tu, plus perspicax quam Argus,
Scis quam mobile sit vulgus
Et scindatur in varia.
Nulli parcens maledicto,
Mutat partes, cum ex voto
Non succedunt negocia.

14.

« O inique cæsum regem,

---

[1]. Cf. la note sur *la Ménippée*, édit. de Ratisbonne, t. 2, p. 380.

« Qui colebat bonam legem
« Plus quam Romana curia »,
Jam exclamant imbecilles,
Edentes lachrymas molles
Ac profunda suspiria.

15.

« O quam sequuta libenter
« Est filia matris iter
« De Estensi familia[1]!
« Ecquid non cogit libido
« Atque vindictæ cupido
« In mente mali conscia!

16.

« Inclemens[2] Dominicane,
« Væ tibi et lupæ plenæ
« Ex tua virulentia!
« Væ monstro quod est latura
« Statim post te migratura
« In dæmonum consortia!

17.

« Occidendo catholicum
« Erexistis hæreticum
« Vosmet ad sceptra regia.
« Non collo suo catenam,

1. Anne d'Est, qui, après la mort de son premier mari, le duc de Guise, épousa en secondes noces, en 1566, Jacques de Savoie, duc de Nemours.
2. Ceci est imprimé : *In Clemens*, pour mieux indiquer le calembour.

« Sed fronti dedit coronam
« Vestra intemperantia [1]. »

18.

Sic garrit plebs luctu plena,
Nec te ipsum, dux de Mena,
Eximit contumelia.
Quare macte sis virtute :
Superato semel hoste,
Nulla non feres præmia.

19.

Par Dominico Franciscus
Hypocritæ hereticus
Et erunt fata paria.
Sed vix ne cunctando pecces,
Duæ contingunt eclipses
Intra sex plenilunia.

20.

Tu vis voto salutari
Forte rex inaugurari;
Vult dux de Lotharingia [2];
Vult is qui Castillæ regnat [3],
Sed lex salica repugnat
Quam disceptaret Anglia!

---

1. C'est dans le discours que l'on voit le mieux passer le bout de l'oreille du royaliste.

2. Charles III, qui avoit épousé une des filles de Henri II.

3. Philippe II.

21.

Agnoscunt omnes terreni
Ut veros heredes regni
Principes de Burbonia.
Hi a Ludovico rege,
Qui est de sanctorum grege,
Descendunt recta linea [1].

22.

Dignum licet mille regnis,
Ne te spes lactet inanis ;
Sed, exiens Lutetia,
Pugna pro aris et focis,
Et, victor de inimicis,
Refer opima spolia.

23.

Funde Anglos, funde Scotos,
Funde quotquot Hugonotos
Mittit ferax Germania.
Si piis contingat mori,

---

1. Voici la descendance depuis saint Louis : Robert de France, son 6e fils, comte de Clermont en Beauvoisis et seigneur de Bourbon ; Louis Ier, duc de Bourbon ; Jacques de Bourbon, 1er du nom, comte de la Marche ; Jean de Bourbon, 1er du nom, comte de la Marche ; Louis de Bourbon, comte de Vendôme ; Jean de Bourbon, 2e du nom, comte de Vendôme ; François de Bourbon, comte de Vendôme ; Charles de Bourbon, duc de Vendôme ; Antoine de Bourbon, duc de Vendôme, roi de Navarre par son mariage avec Jeanne d'Albret, et père de Henri IV.

Sciant omnes liberari
A flamma purgatoria[1].

2.

Fundet clerus pro te preces,
Qui regias geris vices;
Fundet vota solennia
Sancte coletur ut numen
Tuum et Clementis nomen
In secula perennia.[2]

Amen.

Prose du clergé de Paris addressée au duc de Mayne après le meurtre du roy Henry III, traduite en françois par Pierre Pighenat, curé de Saint-Nicollas des Champs[3].

1.

Genereux duc de Mayne,
Lieutenant general,
Non du roy qu'on desdaigne,
Mais de l'estat royal,
Né de Charles le Grand,

---

1. Parlant de cette prose dans sa *Démocratie de la Ligue*, 1841, p. 106, M. Labitte fait justement remarquer qu'elle doit être plutôt d'un huguenot que d'un catholique, car la strophe sur le purgatoire sent bien son Calvin.

2. On aura remarqué que dans toutes les strophes le 3ᵉ et le 6ᵉ vers sont d'un bout à l'autre sur la même rime.

3. On peut voir entre autres, sur Pighenat, les notes

Ou la legende ment.

 Frère en la mesme ligne,
De mère pour le moins,
De dame Catherine,
La perle des Lorrains,
En qui jà les amis
Ont semé nouveaux lis.

2.

 Helas! vostre vaillance,
O guerrier valeureux,
Ne chassera de France
L'orage malheureux?
La guerre y aura cours
Jusqu'au bout de noz jours?
 Hé! combatez sans feinte;
Composez vos squadrons;
Chefs, marchez à la jointe,
Hardis comme lyons.
Le clergé, qui se perd,
Charles, en vous requiert.

3.

 Voilà pas grand vergogne?
Il n'y a pas six mois
Qu'au fond de la Gascongne
Ce prince bearnois,
De force depouillé,

---

de *la Ménippée*, éd. de Ratisbonne, t. 2, p. 82, et Labitte, p. 42 et 120. Il est, du reste, fort innocent de
cette traduction, qui est bien pâle à côté de l'original
latin, et seroit tout à fait digne de l'air du *Juif errant*.

Estoit comme acculé.
Or en toutes provinces
Il brave et fait le roy;
Aux seigneurs et aux princes
Il impose la loy;
Chascun, fors le Lorrain,
Le tient pour souverain.

4.

Ceste gloire immortelle
Est deue à vostre seur
D'avoir pour la querelle
Voire hazardé l'honneur,
S'estant soumise en fin
Au frère Jacopin,
Moyennant la promesse,
Signée de son sang,
Que, par force ou finesse,
Il perseroit le flanc,
Fust au[x] peines des loix,
De Henry de Valois.

5.

Elle, qui savoit comme
Souvent amoureux font,
Afin d'esprouver l'homme
Et n'avoir un affront,
Luy dist, d'une pudeur
Seante à sa grandeur :
« Soit fait, prenez liesse,
Mais monstrez la roideur,
Prenant vostre maistresse,

Dont vous dedans le cœur
De Henry, vostre fleau [1],
Ficherez le cousteau.

6.

Doncques le devot moine
Redouble ses efforts,
Resolu à la peine
De mille et mille morts,
Ainçois que de faillir
De son veu accomplir.
Jusqu'au fond des entrailles
Il va l'entreperçant,
Pavois, plastrons, ecailles
De sa lance faussant;
Dans elle en quantité
Espand sa deité.

7.

Madame Catherine,
O bienheureux le fruit
Enflant vostre poitrine
Par don du Sainct-Esprit!
O que tout le clergé
Est à vous obligé!
Et pour aussi ne taire
Ny le nom ny le los
Du religieux frère
Aux bons œuvres dispos,

---

1. On prononçoit tantôt *fléau*, tantôt *flau*, et cette incertitude se retrouve encore dans les lettres de Loret.

O glorieux amant,
Benoist Jaque Clement.

8.

Pour une dame telle,
Hé! qui eust craint mourir?
Quelle peine cruelle
Eust voulu n'encourir
Un amy contenté
De si grave beauté.
  La garde martyrise
Ce pacient de coups,
Quant l'ennemy de Guise,
Mais ô martyre doux!
E[s]t par luy à mort mis,
Comme il avoit promis.

9.

Et vous, monsieur leur frère,
Vous ne serez donc point,
Croissant nostre misère,
De mesme gloire espoint?
Vous delairrez ainsi
Leur merite obscurcy?
  L'armée navarroise,
Qui n'a soldat de prix,
Tiendra les champs à l'aise,
Et vous tiendrez Paris?
Elle aura donc gaigné
Comme un sour[d] assigné?

10.

Ah! vostre renommée,

O prince redouté,
Jà ne soit diffamée
D'acte de lacheté !
La paresse et la peur
N'ont place en un bon cœur.

Vous estes, qui estonne,
Pour peculat commis,
Adjourné en personne
Devant les Trente-Six ;
N'esperez estre absouz
Si vous n'allez aux coups.

11.

C'est un mal qu'avarice
Familier à voz meurs ;
Mais vous, au lieu d'un vice,
Avez doubles valeurs :
Vous estes hault et fort,
Craint, puissant et accort.

Quelque mo[n]stre demie
Faisant faire aux soldars[1],
Vers la troupe ennemie[2]
Guidez leurs esfendars ;
Assez y a de jours
Qu'ilz parent noz fauxbourgs.

12.

La ville est affamée :
Car ces fiers huguenotz,
Avecques leur armée,

1. Une demie *montre*, où manque la moitié du nombre de soldats porté sur les rôles.
2. Imp. : eronemie.

Dont ils nous ont encloz,
L'espace d'un long temps
Ont degasté nos champs.
 Les unis catholiques,
Cheans en leurs liens,
Souffrent tourmens iniques
Et en corps et en biens.
Ou il nous faut venger,
Ou au joug se ranger.

13.

 Vous estes homme habille,
Qui peut considerer
Comme un peuple est fragile
Et prompt à s'alterer
Au moindre souflement
Du premier mauvais vent.
 Comme il voit une affaire
N'aller à son desir,
Il prend parti contraire
Et mesdit à plaisir;
Son babil importun
Ne pardonne à aucun.

14.

 « O ruine cruelle!
O quelle iniquité
Couverte soubz un zèle
De catholicité!
Helas! nostre bon roy
Aimoit la bonne loy »,
 Disent jà les infirmes,
Jettans larmes et pleurs;

« O crimes dessus crimes !
O douleurs sur douleurs !
O meurdrier plus pervers
Qu'onq soustint l'univers.

15.

« L'autre n'eust pas eu grace,
Boiteuse comme elle est [1],
De ne suivre la trace
De sa mère Anne d'Est,
Afin de s'empescher
Volontiers de clocher.

« Ah ! piedz tors comme l'ame,
A quel mal ne songer
Peut l'esprit d'une femme
Qui cerche à se venger,
Quand de l'honneur et Dieu
La crainte n'a plus lieu !

16.

« Malheur sur toy, faux frère,
Clement trop inclement,
Seduit par la vipère
Et son allechement,
Enflée en sa maison
Ores de ta poison !

« Malheur soubz le faux germe
Dont elle enfantera,
La vilaine, avant terme,

---

1. Cf. *la Ménippée*, éd. de Ratisbonne, t. 1er, p. 17, et *le Baron de Fæneste*, livre 4, chap. 13, éd. Jannet, p. 301.

Et de là s'en ira,
Elle, toy et son part[1],
Là où le diable a part !

17.

« Tuant le catholique,
Qui estoit esprouvé,
Vous avez l'heretique
Au royaume eslevé
Par voz maudits dessains,
Lorsqu'il y pensoit moins.

« Au lieu d'une catène[2]
Applicable à son col,
Dedans une huitaine,
Ou par force ou par dol,
Vous luy avez en rond
Mis les lis d'or au front. »

18.

Ainsi Paris blasphème,
Outrée de douleur,
O grand duc, et vous-mesme,
Quoy que vostre valeur
Ait sur elle gangné,
N'y estes espargné.

Pour dissiper l'orage,
Disposez-vous à mieux ;
Charles, prenez courage :
Estant victorieux,

---

1. L'enfant qui naîtra d'elle, de *partus*.
2. Imp. : cadence.

Vous aurés des honneurs
Pleus qu'eurent onq seigneurs.

19.

Comme sainct Dominique
Sur l'hipocrite roy,
Ainsi sur l'heretique
Desvoyé de la foy,
Pourra bien sainct François
Appesantir ses doigtz.
Mais par le cours que prennent
Les feuz du firmament,
Deux ecclipses adviennent
En six mois rarement ;
Doncques il ne faut pas
Pource alentir voz bras.

20.

Il vous fasche peut-être
Qu'aux estats il n'a pleu
Pour leur roy et leur maistre
Jà vous avoir esleu,
Et du mesme soucy
Autres sont point[s] aussi,
Le roy dit Catholique
Et vostre duc lorrain ;
Mais nostre loy salique
Resiste à leurs desseins ;
Où l'on l'aboliroit
L'Anglois le droit auroit [1].

1. Les Tudor, montés sur le trône d'Angleterre avec Henri VII, descendoient du second mariage de Cathe-

21.

 Nous n'avouons pour princes
Successeurs à noz roys
En toutes leurs provinces,
Par l'ordre de noz loix,
Autres que ceux du nom
Et armes de Bourbon.
 Ils ont leur origine
Du bon roy sainct Louys
En masle et droite ligne,
Portans les fleurs de lis
Dedans leurs escussons
Que nous reconnoissons.

22.

 A eux est la couronne,
Ne vous en chaille pas;
Vostre brave personne
Merite hautz estatz;
Mais cestui-cy avoir
Est hors vostre pouvoir.
 Puisque la lieutenance
Vous avez eu de nous,
Meuz de vostre prudence,
Pourquoy ne ferez-vous
En cette qualité
Acte d'hostilité?

23.

 Le los de voz conquestes

rine de France, fille de Charles VI, et femme en premières noces de Henri V.

Bruye outre les François ;
Allez, fendez les testes
Des Anglois, Escossois
Et Allemands, suppostz
Du roy des huguenots.
  Si par mesaventure
Leur fureur nous atteint,
L'Eglise nous asseure
Que le mort en ce point
Sera du feu ardent
Qui purge l'ame exemt.

24.

  Pour vous, grand pair de France,
Defenseur de la foy,
Vray hoir de la vaillance
De ce preux Godefroy,
Seront en noz autelz
Rendus veuz solennelz.
  Après maints beaux eloges,
Maint riche monument,
Dans noz martyrologes,
Vous et Jaques Clement
Serez canonisez
Au reng des mieux prisez.

Ainsi soit-il.

Ad dementem Parisinorum plebem quæ impurissimum Arsacidam in numerum Divorum refert.

Famosos quoniam vetuerunt jura libellos,
Spargere famosis, o plebs, resipisce libelli[s].

Sur la mesme apotheose.

Qui est ce mal né,
Non saint, mais danné?
Tu le vas nommant :
C'est *Jaques Clement*[1].

---

1. Dont *Qui est ce mal né* est l'anagramme. *La Ménippée*, si l'on peut faire quelque différence entre un anagramme et un autre, trouva mieux quand dans *Frère Jacques Clement* elle montra : *C'est l'enfer qui m'a créé.*

Le Débat de la Vigne et du Laboureur[1].

L'Acteur.

Ung jour m'en allay à l'esbat,
Quand j'euz prins ma refection,
Après disner, sans nul debat;
Je ouy une grande question
D'une vigne et d'un laboureur
Estans en contradicion,
Dont j'euz une grande frayeur.

Je me cachay en ung buisson
Pour escouter leurs parabolles;
Adonc commencent leur leçon,
S'entredisant maintes parolles.
Ains les mis au present registre;
Ceulx qui ont hanté les escoles
Les liront en lieu d'une espistre.

Le Laboureur.

« Vien ça, vieille, torte, boiteuse,
Infecte, pleine de tourment,
Laide, hideuse et maleureuse,
Tout horre[u]r et encombrement,

---

1. In-8 de 4 ff. de 30 lignes à la page; sans feuillet de titre.

Me sauroys-tu dire comment
Ne pourquoy ainsi me travailles?
Je te le, dy-le promptement;
De toy je n'ay proffit deux mailles.

Il pert bien que tu es mauvaise,
Car nul ne tient compte de toy;
Ton vin ne vault pas la servoise,
Il est condamnable en la loy;
Force est le laisser à requoy,
Car il est de si (très) mauvais goust
Qu'il me semble, quant je le boy,
Que c'est pur vert-jus de ton moust.

Je sçay bien à quoy m'en tenir,
Car je tiens mon celier ouvert;
Mais personne n'y veult venir,
Pourceque ton vin est trop vert;
Jamais ne seray recouvert
De la parte que tu me fais;
Mieulx vault estre en terre couvert
Que plus endurer tes forfais.

Tu me trenches tous les boyaulx
Par ton aigreur et ta verdure:
Colique en vient et plusieurs maulx;
De toy ce n'est que toute ordure;
Je te prometz, se cecy dure,
Je te couperay rasibus:
Car de ta liqueur on n'a cure;
Ce n'est que moque et tout abus.

Je te houe, bêche et laboure;
Sans cesse je suis à ta queue;

Mon temps, ma vertu en toy fourre,
Et de vin ne me rens la queue;
Si me seroit-elle bien deue;
Mais, pour le dire à ung mot brief,
Je n'en ay pas pour ma repeue
Le plus souvent, qui m'est bien grief.

Tous les ans provigner te fault,
Nettoyer et mettre eschalatz,
Tailler, lier et bas et hault,
Tant que souventes fois suis las.
Ung homs doit bien crier helas!
Qui t'a en son gouvernement;
Mais, quant il est mis en tes laz,
C'est jusqu'au jour du jugement.

Tousjours y a à besongner
En toy; je croy que c'est ung gouffre:
De nuyt, de jour en fault songner;
Sans cesser il te fault quelque offre.
Mais pense-tu que je le souffre?
Ce seroit bien pour enrager;
J'aymeroye mieulx boullir en souffre
Que d'estre plus en ce danger.

Aucunes fois tu seras belle,
Plaine de grappes et de fruit;
Mais soudain viendra une gresle
Qui te gaste tout et destruit.
Ton fait est en hazart construit :
Qui le gouste, il fault qu'il l'avale.
Et puis demain courra le bruit
Qu'il fault boire de la godale.

Tu feras une belle monstre
De bien fleurir à tous endrois,
Puis viendra une malencontre
Qui brouyra et fruict et bois.
Je cuyderay dedans trois moys
Avoir force vin sans danger,
Et je ne trouveray pas trois
Raisins, quant il fault vendanger.

Le plus souvent tu es gelée
Au point du jour de la froidure,
Et en esté tu es bruslée
Quant la grande chaleur trop dure;
De toy ce n'est que toute ordure;
Peu me tient que ne te metz jus;
Qui pis est, il fault que j'endure
Quant n'apportes vin ne vert-jus.

Dy moy, quand tu n'aportes rien,
A quoy il tient; tu te despites
Et scez que je despens le mien
Pour toy, dont n'ay profit deux mites.
Les gaignes y sont bien petites,
Bien le scay; bon gré saint Germain
Povres gens ne sont jamais quites,
Tousjours leur fault argent en mains.

Pour toy j'ay le corps tout transi
Et ma vertu toute minée.
Seray-je longuement ainsi?
Respons-moy, boyteuse, arrenée.
S'il dure encore ceste année,
Jamais ne te laboureray.

Apporte donc bonne vinée,
Et puis je me contenteray. »

L'Acteur.

Adonc le bonhomme se teut,
Et la Vigne commence à dire
Son propos au moins mal qu'elle peut,
En luy respondant d'une tyre.
Par escript ne le voult produyre,
Mais soubdain son cas explica.
Compains, se vous le voulez lire,
Notez ce petit reliqua.

La Vigne.

« Laboureur, tu te plains à tort;
Je te dy pure verité.
J'ay ouy tout ton deconfort,
Ta douleur et perplexité ;
Mais, quant je t'auray recité
Qui ce fait, tu diras pour vray
Que toute ta meschanceté
Ne vient pas d'autre que de toy.

Dieu ne sçait comment te servir,
Je le congnois appertement ;
Tu le vouldroiz bien asservir
A faire ton commandement.
Sans lui je ne puis nullement
Te donner aucune liqueur :
Donc, s'il te vient encombrement,
Tu n'en dois avoir mal au cueur.

Se je porte du vin friant,
Tu en bois autant qu'on t'en livre ;

Ung jour es joyeux et riant,
Et l'autre es endormy et yvre.
C'est grand folye que de suyvre
Yvrongnes qui font telz forfaitz,
Qui n'en sont saoulx d'once ne livre,
Non pas qui leur bauldroit leur faitz.

Quant tu en as trop beu, tu jures
Le nom de Dieu et de ses saintz ;
Tu es tout prest à dire injures
A père, à mère, à tes prochains ;
Pour ce tu faitz des pechez mains.
Se Dieu te punyst, c'est rayson.
Doncques ne me prise pas moins
Se du vin ne te rens foyson.

Tu en humes à pleine couppe
Quant si amoureux tu le sens,
Et t'enyvres comme une souppe,
Perdant ta memoire et ton sens,
Plus fol que povres innocens,
Aussi estourdy qu'ung oyson,
Et laisses ta femme et enfans
Mourir de fain en ta maison.

Se chargée suis de bons raisins
Bien meurs, doulx et delicieux,
Tu en feras plusieurs bons vins
Plaisans, frians et savoureux ;
Point n'en donnes aux langoureux :
Charité est en toy tarie.
Aujourd'huy entre laboureux
Ce n'est que toute tromperie.

Tu cryeras au meurtre et à l'arme

Se le temps est ung peu contraire,
Et commenceras une game
Que l'en t'orra d'une lieue braire ;
Certes, tu ne dois ainsi faire,
Mais louer Dieu de tous ses biens,
De tout ton cueur, sans lui desplaire :
Autrement jamais n'auras riens.

S'il advient que j'aye vin foyson,
Le plus souvent tu n'en tiens compte ;
Se t'en fais petite moyson,
Despit et desdain te sourmonte ;
Ta langue de mesdire est prompte ;
Tu ne cesses de murmurer.
Ne deusses-tu pas avoir honte
D'ainsi mesdire et conjurer ?

Pour ce[1] doncques Dieu te punist
Et t'envoye des maleuretez :
Car pour certain de ton corps n'yst
Que tromperie et faulcetez.
Loue Dieu en tes perplexitez,
Et prens le temps (ainsi) comme il viendra.
Si tu as des adversitez
Mercie Dieu, et bien t'en prendra.

Il te fault prendre en pacience
Ce qu'il plaist à Dieu te donner ;
Ce n'est donc à toy pas science
Encontre moy tant sermonner ;
Autrement faire et ordonner

1. Imp. : Poure.

Que n'est la voulenté de Dieu
N'est rien ; prens donc sans mot sonner
Ce qu'il te donne en chacun lieu.

Prendre fault le temps comme il vient,
Sans en faire autre mention.
Se quelque adversité survient,
Louons Dieu de bonne affection ;
Je le dis pour conclusion.
Ce faisant, auras biens assez.
Pry Jesus par devotion
Que tes pechez soient effacez. »

L'Acteur.

Incontinent, sans dire mot,
La vigne si se voulut taire.
Adonc[ques] moy, povre Guillot,
Me voulus ung petit retraire ;
Et, pour à mes supostz complaire,
Leurs parolles voulus notter,
Ainsi qu'il est en l'exemplaire,
Sans rien adjouter ni oster.

En m'en revenant à la ville,
Ung de mes amys je trouvay,
Accompaigné de plus de mille
Bons pyons venant d'ung convy[1].
Incontinent que je le vy,
Joyeux fus, et luy presentay
Ce dicton. Plus ne le suyvy.
Que Dieu luy doint bonne santé !

Explicit.

1. Festin, ce à quoi l'on est *convié*. Cotgrave donne le mot.

La vie saint Harenc, glorieux martir, et comment il fut pesché en la mer et porté à Dieppe[1].

Graticulus Harengio,
Super ignem tribulatio,
Vinaigria, sinapium[2].
Bonnes gens, oyez mon sermon.
En celuy temps que sainct Raisin

---

1. Nous en connoissons deux éditions gothiques. L'une (A) est de 4 ff. de 24 lignes. Sur le titre, un bois de trois femmes près d'une tente, et, au fond, la mer avec une barque; au recto du dernier feuillet, une femme déchargeant un sac, d'où sort un poisson, sous les yeux de deux hommes, l'un en chausses, et l'autre, qui pourroit être un officier du roi, en chausses et en manteau à manches garni d'une plaque. L'autre édition gothique (B) a, au frontispice, un bateau avec deux saints assis et tenant un filet; le Christ avec le nimbe est aussi dans le bateau; au dernier verso, un grand D très ornementé; 22 lignes à la page. Elle a été reproduite en fac-simile lithographique tiré à 40 exemplaires. — M. de Bock a mis le Sermon de Saint-Harenc dans son volume *le Débat de deux damoiselles*, etc., Paris, Didot, 1825, in-8, p. 61-7.

2. Ce texte du sermon est imprimé en prose et séparé

Si fait trotter maint pellerin,
Il voult de ce siècle finer.
Aussi, au millieu de la mer,
Entre Boulongne et Angleterre,
Où[1] l'en ne trouve point de terre,
Fut prins le corps de sainct Harenc,
Qui souffrit pis que sainct Laurent :
Martyré fut et mis à mort.
Quarante tyrans d'ung accort
Dedans ung basteau se boutèrent[2];
De nuyt et de jour tant peschèrent
A leurs rais[3] et à leurs filletz
Que sainct Harenc fut attrapez,
Et de ses frères plus de cent,
Mais il leur vint ung si grant vent
Que a peu qu'ilz ne se noyèrent.
Adonc sainct Harenc apportèrent;
A Dièpe fut son sainct corps mis.
Il vint ung yvrongne estourdis,
Entour minuyt, à la chandelle,
Qui le porta à la taverne ;
Sur le gril le mist pour rostir,
Et puis le gourmant, sans faillir,
Le manga avec[ques] les aulx.
(Les) aultres l'ont chargé sur chevaulx

du reste ; on lit même, dans les deux éditions gothiques, *harengie*. Avec *harengio*, et en prononçant, comme on a fait, *sinapion*, on a trois vers et la rime nécessaire pour *sermon*.

1. A : D'où.
2. B : jettèrent.
3. B : rethz.

Et les emmainent[1] à Paris,
Et si en eut[2], ce m'est advis,
Que en cacques forment[3] sallèrent;
De telz y eut qui le brulèrent
Tout vif, dont ce fut grant dommage.
Oncques on n'en fist tel oultrage
Comme on en fist ceste année :
Car il fut mis à la fumée,
Pendu en guise de larron,
Et depuis mengé au cresson,
Au vinaigre et à la moustarde ;
Mais je [ne] me donnay de garde
Que ce sainct dont [cy] nous parlons
Fut mis avec[ques] des[4] ongnons
En ung [grant] pot par maintz morceaulx,
Et fut happé de deux ribaux,
Qui l'emportèrent par grand haste,
Et puis fut mis le sainct en paste.
En quaresme certainement
Il [se] fait crier bien souvent
Dedans Paris[5], en plusieurs lieux.
Sainct Harenc est moult precieux ;
Il fait des miracles souvent :
Il fait tousser[6] assez de gens ;
Chacun sçet bien que pas ne mens ;

1. B : Et les maine ou.
2. B : ont.
3. B : fort me.
4. B : deux.
5. B : Rouen. Cette variante nous montre que les deux édit. gothiques n'ont pas été imprimées dans la même ville.
6. B : Et fait trousser.

Il fait gaigner le tavernier.
Sainct Harenc est moult à priser,
Qui tant est renommé en France;
Saint Harenc [si] donne pitence
Aux Carmes et aux Augustins;
Aussi faict-il aux Jacopins.
Sainct Harenc, qui bien le nomme,
Il est congneu jusques à Romme;
Aussi est-il en Engleterre,
En Flandres et en plusieurs terres,
En Bourgongne et en Auvergne,
En Portugal et en Espaigne,
Et du costé des grans montaignes [1],
En Prouvence et en Lombardie;
En Normendie et en Loraine,
En Berry et en Acquitaine,
Et sur la rivière de Loire [2]
Se fait porter à mainte foire [3];
Par le monde se fait porter.
Ce sainct, dont [vous] ouy avez,
Fust né au millieu de la mer;
En son sainct corps n'eust point d'amer
Ne n'en mengea onc en sa vie.
De cela je vous [en] affie [4];
Mais bien souvent vouloit-il boire.

1. C'est-à-dire des Alpes.
2. Il est curieux que, dans l'édition A, il y ait : *Laire* et *faire*; c'est la confusion d'orthographe causée par la prononciation identique de l'*oi* et de l'*ai*.
3. B : Et en plusieurs et mainte loire.
4. B : De cela vous certiffie.

Saint Harenc.

Mais [1], bonnes gens, vous devez croire
Que, quant on menge sainct Harenc,
On y doibt boire bien souvent.
Aussi, com vous m'orrez retraire,
Il y en a de deux manières :
L'un est sor et l'autre est blanc,
Et si en a de bien puant :
Car on dit tout communement,
En ung proverbe bien souvent :
Se harenc put, c'est sa nature ;
Si fleure bon, c'est adventure.
Povres gens ne le dient mye,
Car souvent leur sauve la vie,
Tant est gratieulx et courtois.
On le menge avec les poix
En karresme certainement ;
Chascun scet bien se je mens ;
Et les bonnes gens de village
En font souvent de bon potage [2].
C'est grant pitié que saint Harenc
Est martiré ainsi souvent :
Car, en se sainct temps de karesme,

1. B : Mes.
2. « Nul ne donra au grant mangier que deux mès et un potage au lard, sans fraude, et au petit mangier un mès et un entremès. Et, se il est jeûne, il pourra donner deux potages aux harens et deux ou trois mès et un potage. » Ordonnance donnée en 1294 par Philippe le Bel contre le luxe. (*Ord. des rois de France*, in-fol., t. 1er, 1723, p. 542.) Pour des recettes anciennes pour préparer les harengs, voyez *le Ménagier de Paris*, t. 2; p. 134, 231, 271.

D'ici jusques en Angoulesme,
Est martiré ce sainct martir,
Car souvent le faict-on rostir
Sur le gril ou sur le charbon.
Mais il viendra une saison
Que sainct Harenc fera miracle
Qu'on doit mieulx prisier que triacle.
  Vous avez ouy le sermon
De sainct Harenc; si pardonnon
Tous les peschez de ceste année
Et de celle qui est passée,
Et trois cens ans de vray pardon
Et dix moys : c'est ung noble don.
Nous prirons pour la povre gent
Que Dieu leur doint faulte d'argent,
Et, s'ils veulent au besoing secours,
Qu'il leur face tout au rebours.
Pour cardinaulx et pour evesques,
Pour ribaulx et pour archevesques,
Ne fault-il jà faire prière,
Car tout va sen devant derrière.
Mettons-nous trestous à genoulx ;
A Dieu ne souviegne de vous ;
Ne nous chault comme tout en aille,
Dessus (ou) dessoubz, vaille qui vaille.
Dictes *Amen* devotement.
(Cy) fine le sermon sainct Harenc[1].

Explicit.

---

1. Marcus Zuerius Boxhorn, dans son *Theatrum Hollandiæ*, Amsterdam, 1632, in-4 oblong, transcrit, d'a-

près un ancien tableau suspendu dans l'amphithéâtre d'anatomie de Leyde, ces quatorze vers affreusement léouins :

Halecis salsati vires.

Halec salsatum, crassum, blancum, grave, latum,
Illud dorsatum, scissum, perventrificatum,
Huic caput ablatum, sic pellibus excoriatum,
Intus mundatum, crudum, vel in igne crematum,
Illi cæpe datum, per panem rustificatum,
Et sic cænatum, dum transis nocte cubatum,
Hoc theriacatum valet antidotum pretiatum
Quod parat optatum putamen largifluatum,
Dans de mane ratum, guttur bibendo paratum,
Haustu prostratum reparat madidatque palatum
Et caput et pectus * desiccat phlegmatisatum
Dans urinatum, cito mox deinde cacatum,
Dirigit inflatum, cibum penetrat veteratum
Hoc medecinatum Laurens fert versificatum.

Boxhorn rapporte aussi ces deux vers que l'on disoit avoir trouvés dans la maison d'Arnoul comte d'Egmond, sixième duc de Geldres, mort en 1474 :

Halec assatum convivis est bene gratum ;
De solo capite faciunt bene fercula quinque.

Quant au pêcheur de Biervliet à qui l'on doit l'invention des procédés destinés à conserver le hareng, Boxhorn, qui le nomme Guilhelmus Bueckeldius, c'est-à-dire Buckelsz ou Bœkelszoon, met la date de sa mort en 1347. Notre Philippe de Mezières, dans son *Songe du vieil pelerin adressant au blanc faucon à bec et à pied dorés*, qu'il écrivit en 1389, parlant de la pêche du hareng entre les côtes de Danemarc et de Norvège, ne manque pas de parler des harengs salés : « Et est commune renommée là qu'ils sont quarente mille basteaux qui ne font autre chose ès deux mois que peschier

* Evidemment l'imprimeur savoit trop bien le latin. Le rimeur étoit trop consciencieux pour ne pas avoir écrit *pectum*.

le harent, et en chascun basteau du moins a six personnes, et en plusieurs sept, huit ou dix; et en outre les quarente mille basteaux y a cinq cents grosses et moyennes nefs qui ne font autre chose que recueillir et saler en caques de hareng les harengs que les quarante mille basteaux prendent, etc. » Cf. *Mémoires de l'Académie des inscriptions*, 1re série, XVI, 1751, in-4, p. 225-27.

FIN DU TOME SECOND.

TABLE DES MATIÈRES

CONTENUES DANS CE VOLUME.

33 Sermon nouveau et fort joyeulx auquel est contenu tous les maulx que l'homme a en mariage. Nouvellement composé à Paris. Pages 5
34 Le Doctrinal des filles à marier. 18
35 Nuptiaux virelays du mariage du roy d'Escosse et de madame Magdeleine, première fille de France, ensemble une ballade de l'apparition des trois deesses, avec le Blazon de la cosse en laquelle a tousjours germiné la belle fleur de lys. Faict par Jean Leblond, sieur de Branville. 25
36 La Loyaulté des femmes, avec les neuf preux de gourmandise et aussi une bonne recepte pour guerir les yvrongnes. 35
37 Les Moyens d'eviter merencolie, soy conduire et enrichir en tous estatz par l'ordonnance de Raison, composé nouvellement par Dadouville. 42
38 Le Courroux de la Mort contre les Angloys, donnant proesse et couraige aux François. 77
39 La Prenostication des anciens laboureurs. 87
40 Les sept marchans de Naples, c'est assavoir : l'adventurier, le religieux, l'escolier, l'aveugle, le vilageois, le marchant et le bragart. 99

41 S'ensuit le Sermon fort joyeux de saint Raisin. 112
42 La Complainte de Nostre-Dame, tenant son chier filz entre ses bras, descendu de la croix. 118
43 Les drois nouveaulx establis sur les femmes. 123
44 S'ensuyt le Doctrinal des bons serviteurs. 140
45 S'ensuyt ung Sermon fort joyeulx pour l'entrée de table. 146
46 La Complaincte de Monsieur le Cul contre les inventeurs des vertugalles. 150
47 La Prinse de Pavie par Monsieur d'Anguien, accompaigné du duc d'Urbin et plusieurs capitaines envoyez par le Pape. 162
48 La Boutique des usuriers, avec le recouvrement et abondance des vins, composé par M. Claude Mermet, notaire de Sainct-Rambert en Savoye, 1574. 169
49 Bigorne qui mange tous les hommes qui font le commandement de leurs femmes. 187
— Note sur Bigorne et sur Chicheface. 191
50 La Remembrance de la Mort. 204
51 Le Blason des barbes de maintenant, chose très joyeuse et recreative. 210
52 La Reformation des tavernes et destruction de Gormandise, en forme de dialogue. 223
53 La Plaincte du Commun contre les boulengers et ces brouillons taverniers ou cabaretiers et autres, avec la Desesperance des usuriers. 230
54 La Doctrine du père au fils. 238
55 Monologue nouveau et fort joyeulx de la Chambrière desproveue du mal d'amours. 245
56 La Folye des Angloys, composée par Me L. D. 253
57 Apologie des Chambrières qui ont perdu leur mariage à la blancque. 270
58 L'Heur et guain d'une Chambrière qui a mis son mariage à la blanque pour soy marier, repliquant à celles qui y ont le leur perdu. 278

59 Le Banquet des chambrières fait aux Estuves le jeudy gras, 1541. 284
60 Prosa cleri parisiensis ad ducem de Mena, post cædem regis Henrici III. — Prose du clergé de Paris addressée au duc de Mayne après le meurtre du roy Henry III, traduite en françois par Pierre Pighenat, curé de Saint-Nicollas-des-Champs, 1589. 296
61 Le Debat de la Vigne et du Laboureur (par Guillot). 317
62 La Vie de saint Harenc, glorieux martir, et comment il fut pesché en la mer et porté à Dieppe. 325

www.ingramcontent.com/pod-product-compliance
Lightning Source LLC
Chambersburg PA
CBHW060640170426
43199CB00012B/1618